W0368496

Être fidèle à soi-même, avoir le courage d'être soi sont des formules un peu pompeuses, chères aux spécialistes du développement personnel. L'annonce d'un tel concept, qui laisse présager toute une suite de conseils et prises de tête, ne va sûrement pas soulever l'enthousiasme. Surtout chez la jeune génération des vingt ans et un peu plus. On imagine déjà. C'est quoi ce truc ? Un devoir de philo, une parole chrétienne, une préconisation psychologique, une vertu ? À peine un possible article dans un journal féminin, ou un barda pseudo-moral sur des conduites à tenir ! Par contre, pour beaucoup le cri de « moi d'abord », pourtant tout aussi vieillot, volé à une romancière à succès, réveille les consciences. Ce qui n'est guère étonnant pour tous ceux qui sont les enfants et petits-enfants de cette révolution douce issue des années 1970. Après des années de privation de liberté, on a pu s'approprier le beau commandement : « l'amour où je veux et quand je veux... » Ce qui effectivement, confirme le « moi d'abord » et relègue au rang des vieilles nippes toute idée de dévouement, de sacrifice ou de conformisme. Les moralistes y voient un dévoiement préjudiciable et la perte des valeurs essentielles, les cyniques en profitent pour dénoncer les hypocrites... qui ont toujours pensé ainsi, mais se gardent bien de le déclarer ! Quant aux pauvres bougres sans trop d'idées, vous et nous, ils font de leur mieux ! En se trompant souvent, en prenant beaucoup de coups. C'est que l'entreprise n'est pas aisée, car pour réussir on doit satisfaire deux idées paradoxales : son propre désir et le respect de l'autre.

Qu'entend-on aujourd'hui par fidélité à soi-même dans une relation amoureuse ? Faut-il, en craignant les aléas fâcheux, ne pas s'engager au-delà de l'« ici et maintenant », adopter la position des frileux de l'avenir, de ceux qui ont peur d'être enfermés à vie dans un cercle étroit ? Ou bien sommes-nous prêts à composer sans nous renier avec notre partenaire ?

« Faut pas s'aimer pour se créer du malheur », « on n'est pas sur terre pour en baver », entendons-nous régulièrement. Narcisse penché sur l'eau devait le penser... Mais a-t-on jamais dit que c'était un héros à imiter ? Vous imaginez bien que Monsieur Loyal inverse ce postulat : est fidèle celui qui ne répond pas toujours à son désir ; celui pour qui l'engagement est sacré, quoi qu'il en coûte.

Avant toute chose, notre préalable pour commencer cet ouvrage serait une formule : « Il faut bien se connaître. » En effet, comment penser être au mieux avec soi, si l'on ne sait qui est ce « soi-même » qui nous tient compagnie ! Élémentaire et évident pensez-vous, et tellement rebattu par tous les philosophes depuis Socrate. En fait, nous pensons que rien n'est plus difficile à réussir que cette rencontre de soi avec soi. Pour toutes les raisons que vous connaissez et les autres... celles que l'on ne saura pas saisir au moment opportun. Parce que même si nous aimons la clarté, tant d'étoiles nous échappent ! La lucidité est la blessure la plus rapprochée du soleil disait, plus poétiquement que nous,

René Char. Parce que nous ne passons pas tous les instants de notre vie à analyser nos états d'âme, parce qu'une nécessaire cécité et une non moins utile opacité peuvent occulter nos désirs. Parce que nos actes ne sont pas toujours en osmose avec nos pensées. Parce que l'on se ment avec une audace incroyable ! Tel Œdipe aux yeux crevés.

On nous a dit gare aux traumas, gare à l'éducation permissive, mais aussi gare à l'éducation répressive qui toutes deux ont grandement à voir avec la formation de notre moi profond. Chaque année un spécialiste se lève pour nous affirmer que l'on s'est trompé, qu'il ne faut plus penser ainsi, que désormais… il faut changer le pansement. Que la relation amoureuse n'est plus ce qu'elle était, que le couple a évolué…, que de nouvelles pratiques changent la donne ! Certes, nous ne sommes pas sûres d'être géniales et de tenir toute la distance de la modernité, mais on tentera au moins de donner quelques pistes pour progresser dans la connaissance de soi et éviter ainsi de naviguer à vue et à perte. Le reste est une question de décision et d'option personnelles.

Ce « moi d'abord », qui semble être sous entendu dans la fidélité à soi-même, contient une part de culot et de toute-puissance que les altruistes ne manquent pas de souligner. Il faut reconnaître que le « Quand j'en ai marre, je me casse » n'est pas d'une grande élégance ! Mais l'oblation et le dévouement ne sont pas non plus à la mode dans une société où le bonheur personnel est la panacée, et sa recherche le sujet de tous les instants et de tous les bréviaires. Où se situer dans cette galaxie des possibles ? Et surtout pour combien de temps ? Car il y a un grand perturbateur dans l'histoire, un coquin contre lequel nous ne pouvons rien !

Dénoncé par les poètes, honni par les romantiques, le temps qui passe détruit l'amour fou, et redistribue incessamment les cartes. « Je brûlerai ce que j'ai adoré hier. » Serais-je alors infidèle à moi-même ? Différent, heureusement ! Que serions-nous si nous restions accrochés à nos certitudes ? Comment progresserions-nous si nos expériences ne laissaient aucune trace ? Comme l'on souhaiterait que Faust connaisse la vie éternelle... que Marguerite... Oui, non ? Si, si le pacte avec le diable... ! Non, le diable ne fait plus recette. Reste notre merveilleuse possibilité de danser dans le mouvement perpétuel.

PREMIÈRE PARTIE

L'apprenti amoureux

« Que pour la flamme qui brûle derrière l'abat-jour
mon nom soit toujours transparent
Comme pour la lumière de mon propre cœur
moi-même je voudrais être limpide. »

Rainer Maria RILKE

Ah ! Voilà bien les femmes, dit l'un de nos amis, alors que nous sortions de la projection du dernier film de Benoît Jacquot [1]. C'est la révolution et de quoi s'occupent-elles ? D'amour ! Ben oui, c'est le 14 juillet 1789, la révolution gronde à Paris, et que fait-on à Versailles ? On rêve, on n'entend pas les cris du peuple affamé. On se nourrit d'amour et d'émotions. On soupire pour le regard d'une reine qui ne pleure pas sur son sort mais sur une rupture douloureuse avec sa favorite.

Fâchées, nous avons rétorqué que Versailles était loin de Paris, que cette reine était fort retirée dans son Trianon de bergère, et que parfois l'histoire ne prenait sens que bien longtemps après…

Peine perdue ! Tous s'accordèrent pour dénoncer la frivolité des femmes et leur irrésistible attirance pour les histoires d'amour en général. Ces écervelées feraient donc des accordements amoureux le seul et unique attrait de l'existence. Soyons plus raisonnables, l'amour, avec ou sans grand A, est le sujet que nous avons tous eu à traiter un jour ou l'autre. Tous ! Et nous défions les hommes de nous jurer qu'ils sont épargnés et exempts de tourments amoureux.

Ne sont-ils pas les premiers à les avoir décrits, analysés. À coups de romans, de poèmes, de précis de philosophie, de films et de confidences ! À l'époque où les femmes n'osaient donner ni de la voix ni de la plume, combien sont morts d'amour, pour Dulcinée, pour Yseult, pour Juliette ? Un ancien président de la République avouait récemment que s'il avait commis des erreurs d'aiguillage pendant les premiers jours de son mandat, il était excusable car son aimée en le quittant lui avait enlevé toute jugeote. Que dire du grand César et de la célèbre Cléopâtre !

Cette grande soif d'amour est notre gloire et notre tourment, presque une nécessité puisque la survie même de l'espèce y est inscrite. Presque une fatalité. Déjà le pauvre Adam et cette coquine d'Ève, bien que nageant dans un bonheur paradisiaque, n'avaient paraît-il qu'une seule idée : croquer la pomme de la concorde à deux. Au début, nous dit une légende d'un autre style [2], l'homme et la femme s'assemblaient en une sphère, pourvue de quatre bras, quatre jambes, deux visages opposés en une seule tête. Zeus les coupa en deux, mais les morceaux ne souhaitaient que se rassembler, alors Zeus « transposa les organes de la génération sur le devant et fit que les hommes engendrèrent les uns dans les autres. C'est-à-dire le mâle dans la femelle ». Et depuis, nous dit-on, chacun de nous cherche sa moitié.

Le temps passe, le mythe s'exprime différemment aujourd'hui, mais le souci est toujours là. Trouver son autre moitié, quand on ne l'a pas sous la main, est un objectif de tous les instants. La conserver est un autre challenge ! Les deux supposent une foule de manœuvres pour y parvenir. Le succès des sites de rencontres l'atteste... et témoigne de leur nécessité. Le cadre des rencontres à l'ancienne ne suffit plus, le périmètre de la drague s'étend à perte de vue sur le Net. Séduction, stratégie, apparence jouent les reines et sont devenues des variables économiques. Le look se peaufine avec un coach. Plaire et comment plaire sont le sujet affirmé ou sous-jacent de tous les magazines féminins. Pour notre plus grand plaisir et celui de notre carte bancaire, car plaire et comment plaire remplissent les caisses et les tiroirs des spécialistes de la beauté et de la mode.

La séduction et la stratégie donnent lieu à d'interminables conversations avec soi-même, avec ses amis, avec son psy, avec son miroir ! *Où trouver l'amour de ma vie ?... Vais-je réussir ma vie sentimentale ? Vais-je aimer et être aimé ? Suis-je aimé ?* Comment trouver l'homme de sa vie en dix leçons est le quiz de l'été.

CHAPITRE PREMIER

Éduqué... pétri... conformé

Dès le berceau, la fée qui se penche sur le bébé et trace son destin se nomme... désir ou espoir... des parents. Est-ce là déjà que se nouent les premiers fils de l'avenir amoureux ? Certainement, même si l'on espère pour nos petits tant d'autres choses encore. À peine nés, les voilà inscrits dans la promesse féerique : ils trouveront prince ou princesse, se marieront et auront beaucoup d'enfants. Père et mère éblouis construisent leurs châteaux en Espagne et choisissent même parfois le promis ou la promise du nouveau-né en secret. Bien sûr, ce n'est ni un gueux ni une pauvresse qui est pressenti et attendu ! Pour cette merveille nouvellement éclose, on envisage au moins un chevalier ou une noble dame. De façon plus rapide et plus amusante, c'est souvent l'enfant des copains ou des gentils voisins qui remplit le rôle du prétendant, pendant au moins quelque temps. Ne dit-on pas que le bonheur est souvent à notre porte et que l'on épouse mieux ceux que l'on connaît bien ?...

Ainsi ce tout nouveau-né est déjà au départ de la course amoureuse, alors qu'il n'a pas encore émis son grain de sel ! Nous préférerions des parents sages qui prédisent simplement qu'il connaîtra les joies de l'amour, aura des enfants comme il veut et quand il veut. Qu'il épousera s'il veut et qui il voudra. Mais pour l'heure, il est le support de tous leurs rêves, le réceptacle de toutes leurs ambitions. Ne soyons pas inquiets, tout cela n'est pas bien grave. Comment ne pas être ému devant une telle espérance ? L'avenir dira suffisamment tôt si les prophètes étaient lucides.

L'avenir dira surtout que ce petit va ou peut n'en faire qu'à sa tête. C'est d'ailleurs ce qu'on espère pour lui : que ce petit d'homme soit assez malin pour déjouer les pièges qui l'attendent et que l'on peut déjà nommer très grossièrement conformisme et atavisme. Pour cela, nous savons qu'il lui faudra se battre. Ce fameux libre arbitre, garant paraît-il de notre autonomie et de notre bonheur, n'est pas inné. En amour, comme en toute chose, ne pas être dépendant, attaché aux images parentales ou à celles de la société bien-pensante, devenir soi-même, est un vrai travail d'architecte et de maçon patient.

« As-tu une petite amie, mon chéri ? » Le chéri petit pense surtout pour l'instant que les amours de son âge sont bien compliquées et que les amoureux et amoureuses rencontrés sont surtout des violents qui veulent s'emparer de son jouet. Pour le moment il est aimé par père et mère… sœur et frère. La cellule familiale est un excellent laboratoire pour comprendre ce qu'est l'amour.

Dès lors, bien des goûts vont se révéler et bien des choix s'opérer. La manière dont se passe ce processus, cette construction, reste un petit mystère propre à chacun de nous et nous interdit de bâtir une théorie… ou plutôt cette théorie sera en permanence battue en brèche par nos singularités. La seule chose à dire est que ce fameux « quand je serai grand(e) » est un chant d'espoir ! Jamais en effet on n'imagine ressembler à la pauvre délaissée. Jamais on ne s'imagine vilain crapaud ! Jamais on ne croit que trouver l'amoureux est encore plus compliqué ici que dans les contes. Jamais on n'imagine que tous ces plaisirs dont on nous rebat les oreilles nous seront interdits. Jamais on n'imagine que l'amour s'accompagne aussi de souffrance et d'angoisse... Jusqu'au fameux jour où... le ciel se charge de gros nuages gris. Le plus dangereux de ces cumulus s'appelle *absence d'amour* ou ressenti d'absence d'amour. On sait, grâce à maintes études psychologiques, que les bébés mal aimés peuvent mourir de chagrin. Tout comme l'amoureux délaissé.

Nous entendons déjà les cris de nos lecteurs : « Comment ces psys peuvent-ils imaginer que nous n'aimons pas suffisamment nos bébés et que nos comportements peuvent être déterminants pour la suite amoureuse ? » Certes, nous n'avons pas de doutes quant aux bonnes volontés parentales en général. Nous savons que les « cas de maltraitance » sont exceptionnels. Cependant, nous avons aussi entendu des centaines de témoignages qui disent bien autrement et nous souhaitons leur donner leur exacte place. « Mon père ne m'a jamais aimée... Ma mère a toujours préféré mon frère... », mille fois exprimés dans nos cabinets et maintenant largement relayés par les médias. De tels ressentis ne sont pas de bonnes passerelles pour une future vie amoureuse sereine. Comment croire que l'amour existe, que l'on est aimable, si l'amour de rigueur de nos géniteurs ne plane pas inconditionnellement au-dessus de notre berceau et bien au-delà. Donné sans réserve !

Ouvrons les livres de confidences de quelques auteurs et nous conviendrons que l'on peut croire aimer mais que l'on peut aimer mal, tout en souhaitant être de bons parents. La rencontre entre un père, une mère et son enfant est une merveille de magie qui peut échouer. Échec qui va très vite se traduire par la difficulté de croire en soi, de se positionner devant le regard de l'autre et qui va causer déprime et tristesse. Voire ce que certaines écoles psychologiques nomment la dépression infantile précoce. Nous connaissons tous la vie malheureuse de la très belle Marilyn Monroe devenue maintenant un cas d'étude aussi célèbre que ceux du Docteur Freud. Dans son enfance, Marilyn est une petite fille de père inconnu, abandonnée par une mère folle et recueillie par un orphelinat de Los Angeles. La suite est limpide, nous dit-on. Elle cherchera toute sa vie un père de substitution ou un regard amoureux rassurant, se droguera de son image et de l'effet qu'elle produit sur les hommes, jusqu'à en mourir. « Mon cœur est à papa », minaudait-elle de sa voix de petite fille ! Sauf que papa ne l'avait pas regardée et ne l'avait pas armée pour qu'elle ne confonde pas ses amants avec le père idéal.

Pouvons-nous déjà oser affirmer que la nécessité de ce premier amour parental est importante pour nous tous ? Que son manque nous conduira à des pirouettes incessantes pour conforter sa propre existence ? Que de cet amour viendra la certitude que oui, je suis un être aimable et remarquable ? Que d'elle, viendra aussi un moi confiant qui se relèvera plus vite des abandons ou des trahisons qui peut-être adviendront, car se relever d'un chagrin d'amour est toujours une épreuve ? Même quand la raison l'exige. Le chagrin d'amour est une mort douce et pernicieuse, fait d'une langueur qui ne tue pas vraiment mais nous enlève le goût de vivre. À tout âge !

Siri Hustvedt, dans son dernier roman, en donne une version éclairante. Pour une autre femme, après trente années de vie commune, le mari de l'héroïne veut une pause conjugale… « Quelque temps après qu'il eut prononcé le mot pause, je devins folle et atterris à l'hôpital. Il n'avait pas dit : Je ne veux plus jamais te revoir, ni : c'est fini, mais après trente années de mariage, pause suffit à faire de moi une folle furieuse dont les pensées explosaient, ricochaient et s'entrechoquaient comme les grains de pop-corn dans un four à micro-ondes [1]. » Tous ceux qui ont vécu cette situation trouveront la métaphore des grains de pop-corn dans le four à micro-ondes à leur goût. Être abandonné est une épreuve pour les petits et les grands. Sauf que les grands ont un peu plus de ressources pour rebondir ? Ils ont surtout appris, ou plutôt s'entraînent, au fil du temps, à affronter les bourrasques.

L'école de la vie amoureuse

> *« Le petit chaperon rouge a été mon premier amour. Je sens que, si j'avais pu l'épouser, j'aurais connu le parfait bonheur [2]. »*
>
> Charles DICKENS

Il y a beaucoup à apprendre dès le bac à sable. Tout d'abord moi, le bébé habitué à la tendresse de papa et maman et à leur grande sollicitude… (mon père est capable par exemple de ramasser vingt fois ce que je jette par-dessus les moulins… de mon parc !), je dois concevoir qu'avec mes copains de la crèche, ce n'est pas aussi simple. Je tends ma petite main vers le camion rouge de Paul et vlan, voilà que la sienne s'abat sur ma joue. Une chose bien étonnante que Mère ne fait jamais. Elle se contente en général de faire les gros yeux ou de donner de la voix quand j'attrape l'objet défendu. Les cris m'intimident très peu. En revanche devant ma joue brûlante, j'avoue que je reste perplexe et interdit. Je ne sais pas trop quoi faire. Pleurer, ou sourire malgré tout ? Heureusement, je ne sais pas encore combien ce simple et naïf accrochage est révélateur de toute la complexité de la relation à l'Autre ! Et encore il n'est pas question de l'amour avec le grand A, mais simplement d'une approche banale avec une vague relation de jeu ! Qu'en sera-t-il quand je vais oser m'approcher pour autre chose que le camion rouge ? A-t-il quelqu'un sur cette terre qui a envie de partager ce qui est à lui avec moi ? Si je veux embrasser Louise et si elle ne veut pas ? Dois-je m'attendre au même traitement ?

Peut-on parler d'un premier avertissement, valable pour toute approche amoureuse ? M'en souviendrais-je plus tard pour conclure que je ne dois m'attacher que quand les circonstances semblent favorables et l'issue heureuse possible ? En langage d'adultes, cela peut-il signifier qu'une rencontre doit s'inscrire « facilement » et que les obstacles sont à éliminer d'emblée ? Il paraît que je dois me persuader qu'avec d'infinies précautions et un peu de diplomatie, je parviendrai un jour à obtenir de l'Autre quelque baiser ou quelque caresse, voire le fameux camion rouge. C'est ce que murmurent les grands devant mon désarroi enfantin.

Ainsi commence l'apprentissage de la vie en groupe et peut-être celui de la carte du Tendre. Avec déception ou enthousiasme selon mon humeur et l'humeur de mon alter ego.

Comme la plupart du temps je suis petit mais courageux, je ne vais pas me soucier des avertissements des Cassandres qui pensent que toute chose difficile est vouée à l'échec et je vais continuer mes expériences. À la crèche, à l'école, elles ne manquent pas et m'enseignent tous les jours sans me lasser, mais sans m'empêcher non plus de refaire les mêmes erreurs. Au point où parfois je me demande si je ne suis pas un peu borné. Même un singe ne recommence pas ses bêtises quand il se fait prendre, disent les savants. Hélas, le petit de l'homme, et l'homme plus tard, n'a pas cette intelligence, dit Père quand pour la troisième fois je mets les doigts dans les prises de courant interdites. Si je comprenais la vie des adultes, j'entendrais qu'il pense qu'en amour, c'est pareil.

Certains refont toujours les mêmes bêtises ! Ainsi la jolie sœur de papa a paraît-il le chic pour tomber sur des hommes nuls, auxquels elle s'attache comme une midinette. Elle, qui est polytechnicienne et chercheuse de haut vol, n'a aucune compréhension de l'amour, dit Maman ! Elle devrait savoir immédiatement que ce n'est pas ce type d'homme qui lui convient, qu'elle se trahit elle-même, qu'elle n'est pas elle-même, qu'elle joue un rôle idiot. Qu'elle ne se connaît pas ou qu'elle ne se respecte pas ! C'est très dommage pour elle, car l'amour et le bonheur, ajoute Maman, sont jumeaux et l'un appelle l'autre. L'amour doit rendre heureux et bien plus, il doit combler, rassurer, régaler, remplir, envoyer au septième ciel... Faire progresser son fameux Moi.

Bébé ne comprend pas encore que l'on puisse avoir lu tout Sophocle et savoir démontrer le théorème de Fermat, sans pour autant posséder l'art de l'Amour heureux. Il doute même que les règles qui le régissent soient si complexes.

En effet, pour lui l'amour heureux ne manque pas d'exemples probants. On lui lit tous les soirs des contes à dormir debout. Il y a toujours ces fameux princes qui trouvent toujours une jolie fille à épouser. Elle n'est pas obligatoirement princesse, mais elle est belle, bonne, gentille, méritante. Elle n'est pas intéressée par le statut du riche prince, elle n'a jamais de soucis pour payer son loyer. Si elle dort en attendant… ce qui est souvent le cas, c'est encore mieux pour le Prince qui la réveillera innocente et pure.

Le plus merveilleux dans ces histoires, c'est que le prince et la princesse savent se reconnaître au premier regard ! C'est elle, c'est lui, hurlent-ils de concert… et ce ne peut être que cette belle personne-là ! Ces deux-là s'attendaient sans le savoir. Pour se trouver, il a fallu pourtant passer par de nombreux obstacles, franchir plusieurs fossés, répondre à des énigmes et à d'absurdes devinettes, voire, pour les plus audacieux, terrasser des dragons et sauter dans les flammes. Parfois même la rusée doit s'enfuir pour éviter le pire, telle Peau d'âne la bien nommée ! Son histoire est d'ailleurs doublement intéressante pour l'éducation de notre petit. Il faut la voir résister à ce Père pris de folie, qui veut l'épouser. Il faut applaudir son imagination et sa détermination à se cacher dans une peau d'animal, et saluer au dernier acte celle qui saura se laisser découvrir par le vrai Prince !

En réfléchissant, les plus futés auront compris en écoutant la voix câline de la bonne fée que l'on n'épouse Papa sous aucun prétexte [3] ! Qu'il faut pour cela de la résistance et de l'acharnement aux filles pour ne pas se laisser abuser par des pères si obtus. Ont-elles semblablement l'impression que leurs pères ne veulent pas de cette rencontre avec leur prince ? Qu'ils souhaitent les garder près d'eux comme le fait Wotan quand il enferme son admirable fille Brunehilde dans un cercle de feu à la fin de l'acte de la tétralogie wagnérienne [4] ! Nous confirmons que cette possibilité d'attachement pathologique est un sujet d'analyse depuis un certain Freud et que s'y adonner ne vous rendra pas libre !

Parfois, c'est le Prince qui se dissimule sous la bête ou le crapaud pour tenter de duper les méchantes et trouver le grand cœur qui ne se suffit pas de l'apparence et qui saura voir la noblesse sous la peau de bête.

Un esprit chagrin peut penser que ces contes à dormir debout ne font plus recette, largement dépassés par les dessins animés et les productions télévisuelles. Oui, certainement. Mais qu'importe la forme, les messages eux ne changent pas. Ils s'inspirent largement des grands mythes fondateurs. Le spectaculaire *Star wars* [5] de George Lucas, par exemple, reste un régal pour toutes nos interprétations psychologiques ! Le bon, les méchants, la victoire du bien sur le mal, la rencontre de l'amour pour les valeureux et la félicité qui suit, font toujours grand effet.

Le conte de fées ou d'ailleurs... ne se « contente pas de faire signe ; il n'insinue pas, n'exige pas et n'exprime rien explicitement. Tout est dit implicitement ; quelles sont les tâches que doit accomplir l'enfant à l'âge qu'il a atteint, comment il peut maîtriser le tumulte de ses émotions. Le conte de fées avertit aussi l'enfant des pièges qu'il peut rencontrer et peut-être éviter et lui promet toujours une issue favorable [6] ». Avec Bruno Bettelheim, rendons grâce à la vertu de tous les messages et à ceux qui les transmettent, éclairés par la rassurante petite lampe de l'histoire d'un soir !

Bref, grâce à toutes ces histoires et à ses fréquentations de la crèche, Bébé admet qu'il y aura obligatoirement des épreuves, qu'il faudra se munir d'un viatique pour franchir les étapes qui mènent à l'amour, qu'il y aura même parfois des rivaux qu'il faudra combattre. Qu'importe, il préfère penser que les problèmes sont surtout le fruit de l'imagination des poètes et qu'à cœur vaillant rien n'est impossible, que rien ne résiste à une bonne volonté. Papa ne dit-il pas que cette fameuse sœur, qui n'arrive pas à conserver ses amoureux, fait preuve d'un faible caractère et qu'il n'est pas étonnant que les hommes lui marchent sur les pieds et que si elle faisait un petit effort pour changer…

Bercé par les sept nains de Blanche-Neige, ou par l'épée de Dark Vador, notre petit attend son heure. Quel bonheur et quelle merveilleuse innocence. Ainsi Lucie, Louise et Rose s'endorment en pensant que Bastien, Florent et Jules pensent à elles, et tous font des projets pour… « Quand ils seront grands »… « Quand je serai grand, je me marierai et j'aurai des enfants » se nourrit aussi d'actualité. C'est une évidence bien relayée par leurs premiers jeux… À l'imitation de père et mère, l'enfant va s'employer à élever au mieux ses poupées, ses frères et ses sœurs. Ce jeu du papa et de la maman, très connoté socioculturellement [7], ne convient pas toujours aux petits garçons à qui l'on n'offre ni dînette ni poupon. Ils s'y livrent pourtant de bonne grâce, entraînés par leurs sœurs ou amies enrôleuses et enjôleuses. Si vous avez eu la curiosité de tendre l'oreille pour écouter ces bambins, vous avez constaté à quel point ils étaient dans le vrai de la vraie vie. Et dans le vif du sujet, imitant parfaitement les adultes, reproduisant leurs disputes, leurs tics et leurs manières. De superbes perroquets, de magnifiques acteurs, de sensés observateurs ! Les voilà déjà prêts à jouer l'aventure pour de vrai ? En tout cas, ils en possèdent déjà les clés et le sens du dialogue.

La première déclaration d'amour se fait souvent précocement ainsi que les premiers baisers. Copier ses parents comporte au moins cet avantage. Les grands, trouvant ces attitudes très mignonnes, ne les interdisent pas et même les stimulent. Demander le nom de l'élu(e) est devenu une question récurrente qui réjouit la génération actuelle alors qu'elle embarrassait et faisait rougir les générations précédentes. Grâce à l'évolution de nos mentalités, les petits du XXIe siècle sont très à l'aise pour parler d'amour. Parfois à notre grand étonnement ! Dans nos cabinets de psys, ils se montrent souvent très perspicaces et très savants quand il s'agit d'analyser les comportements de leurs parents et leurs propres sentiments amoureux. Rien n'échappe à leurs yeux grands ouverts. Surtout quand il s'agit de nos bêtises, de nos disputes et de l'atmosphère du foyer. Dire que cela est déjà une façon pour eux d'appréhender l'amour est une évidence ! Comme l'est, nous l'avons déjà dit, l'importance de l'amour de leurs parents ! En dignes héritières de la pensée freudienne, nous dirons même que ces souvenirs vont constituer le socle sur lequel va s'échafauder leur propre parcours amoureux.

Ainsi, un enfant élevé dans une famille où l'amour et la tendresse circulent sagement, appréhendera moins que d'autres, plus bousculés, la vie de couple et les affres de l'amour ! Ce qui ne lui garantit pas non plus un destin tout tracé. De nombreux acteurs peuvent venir jouer les vilains rôles et gâter la sauce. Rassurons tout de suite ceux qui n'ont pas eu de chance et qui ont été traumatisés par des parents insupportables, leur sort n'est pas non plus scellé ! Les mauvaises expériences vues ou vécues ne déterminent pas tout notre avenir et ne sont pas une fatalité. Elles vont simplement s'écrire sur notre première page et donner à l'adolescent l'occasion de les conforter ou de les éliminer.

L'amour à l'adolescence

Les amours enfantines vont largement influencer les amours de l'adolescence. Le premier apprentissage de la socialisation est terminé, parfois même une période de rejet de l'autre sexe s'est installée. Les joyeux petits couples de la maternelle, si contents de se retrouver, s'éloignent et deviennent dédaigneux : « Bof, les filles (les garçons) ne m'intéressent pas, elles (ils) sont bêtes. » Suit toute une liste accusatrice : ils ne savent pas jouer, ils sont vulgaires, elles sont timorées, elles sont pimbêches… Le ver est dans le fruit et va lentement s'y lover. Cela n'est pas si anodin, car c'est souvent avec les clichés les plus éculés que se font les grands avis et les piètres certitudes ! On peut parier qu'ils ne retrouveront pas la liberté innocente de la petite enfance, ni cette liberté de ton qu'ils avaient auparavant.

L'adolescent, les yeux fixés sur ses Converse, voudrait bien lier amitié mais souvent n'a pas le mode d'emploi et s'embrouille dans ses lacets ! L'idée du prince charmant n'a pas pour autant disparu. Ou plutôt elle va resurgir, promptement aidée par des items plus nouveaux.

Autour de soi, les plus agiles, les dégourdis, ont franchi le pas et se promènent déjà la main dans la main. Alors peu à peu on oublie qu'une rencontre peut être synonyme de parcours du combattant et on prend le risque. Oubliés les fossés à franchir, on veut du prince ou de la princesse tout de suite ! En ouvrant bien les yeux on sent que le prince ou la princesse n'est pas loin. Un ou deux regards ont suffi lors du dernier cours ou sur le parvis du lycée.

On se choisit dans son milieu et on s'embrase ! (Non, nous n'avons pas fait de faute d'orthographe !) Les amours de l'adolescence mettent le cœur et le corps à feu et à sang. On ne se quitte plus, on se lie par de fabuleux serments. On l'écrit sur sa peau : « À Lili pour la vie ! » Un feu d'artifice auquel on se donne entièrement. Quand on fréquente les adolescents, on est souvent frappé par la passion qui les anime et par l'intensité de leurs émotions sous cette apparente nonchalance. Dès le début ils sont amoureux pour la vie, intransigeants sur la qualité de leur attachement, même si... l'engagement peut s'oublier aussi vite qu'il est né, car il faut aussi consommer goulûment.

Cependant, gare aux infidèles, ils seront honnis... Honnis, vilipendés, mais... dans la pratique, le corps est faible ! Seul le discours théorique est fidèle. Les égratignures au contrat tacite sont nombreuses. Il y a un monde entre ce qui se fait et ce qui se dit. N'empêche que ce qui compte est ce qui est dit. Duo et fidélité. Passion et exaltation sont le credo de l'ado. Et donc pour exister pleinement, la nécessité de trouver la perle rare, de ne pas la quitter, de ne pas la trahir.

Le nécessaire duo

Grandir, les ados l'ont compris, c'est donc trouver un compagnon ou une compagne, cesser les sorties avec ses potes et goûter *enfin le plaisir du duo.* Parce que le corps ne se satisfait plus de ses plaisirs solitaires, même si ceux-ci, comme le rapporte magnifiquement Hector Bianciotti, signent l'apprentissage de la volupté : « Bientôt trop habile dans l'art de la volupté... jamais las, je me comblais avec prodigalité ; je m'endormais sur mon appétit, et c'était par là qu'au réveil je renouais avec moi-même. Je n'acquis pas pour autant une réelle conscience du corps ni de ses ressources. On met si longtemps à connaître ses nœuds sensibles et l'irradiation de la volupté que la beauté de l'adolescence s'estompe déjà quand le toucher a appris à détailler la table des sensations [8]. »

Tout juste aguerris dans cette table des sensations, voilà qu'il faut goûter à des plaisirs plus nobles ! La sexualité à deux s'apprend cahin-caha et pas à pas. Les nouvelles donnes éducatives la rendent moins étrange et surtout enlèvent certains interdits. Ce qui ne signifie pas qu'à dix-sept ans l'amour ne pose plus aucun problème. La sexualité est presque toujours problématique ! Et si nous exagérons, c'est pour dire qu'il y a toujours quelque chose de mystérieux à chercher, à trouver dans les plaisirs des corps... Que l'entente sexuelle avec soi-même et avec l'autre relève d'une alchimie grandiose !

Au rayon des nouveautés, on peut regretter. En revanche le rôle pernicieux joué par les sites pornographiques. Parents étonnés et naïfs ne protestez pas contre nos mises en garde ! D'ailleurs nous ne prétendons pas pouvoir vous aider à enrayer ce processus... inévitable, puisque nous savons que chaque avancée technologique a aussi ses inconvénients ! Donc vos petits mignons savent fort bien se documenter pour étoffer leur devoir de sciences et en profiter pour regarder des films pornos au passage. Nous n'approuvons aucunement ce qui s'y montre. Une sexualité de domination et d'humiliation la plupart du temps, une image de la femme soumise au plaisir de l'homme, une esthétique et des images lamentables. Le dire tout haut, à la cantonade [9], est déjà une bonne chose. Imaginons les ambivalences de nos enfants coincés entre les versions idylliques des contes de Grimm et les propos des films pornographiques, et comprenons qu'ils s'y perdent !

Les débuts sexuels en solitaire peuvent aussi laisser de lourds traumatismes. Nous n'irons pas jusqu'à puiser nos exemples dans *Le Ruban blanc* de Michael Haneke, mais nous n'oublions pas la belle leçon que ce film nous donne : une sexualité réprimée dans l'enfance ne fait pas des adultes épanouis. Il est bon de rompre avec cette idée que le sexe rendrait impur et qu'il faut s'en confesser ou s'en passer ! Que dire des traumas bien plus graves laissés par des attouchements et des relations sexuelles volées à des enfants par des adultes sans scrupule ? Que dire quand ces adultes sont de proches parents voire même le père ? À jamais cette honte s'inscrit dans la vie future ! Elle pourrira probablement toute sexualité à venir, si ce n'est la vie elle-même. Il faudra (re)construire l'idée d'un rapport sexuel « libre, permis, joyeux » qui devra faire oublier la domination, la perversité, l'interdit des relations sexuelles pathologiques. Nous pensons tous que celles-ci sont exceptionnelles. Il n'en est rien. Quand nous interrogeons nos amis psys, inquiètes de voir à quel point ces pratiques se maintiennent malgré le tapage fait pour en dénoncer le mal, ils confirment nos craintes : non il ne s'agit pas d'exception ! Beaucoup trop d'enfants sont encore soumis aux mains sales de leur entourage.

Nous parlons ici d'éveil à la vie dans tout ce qu'elle comporte d'espoir, de beau, d'attente. Certaines confidences ne vont pas dans ce sens. Les adultes n'ont pas toujours ce regard bienveillant et se comportent très mal avec l'innocence sexuelle de nos enfants. Faire une démonstration morale n'est pas notre affaire. Dire à quel point ces enfants, ces adolescents sont abîmés et souvent pour toute leur vie, est notre devoir. Grâce aux courageux qui ont voulu témoigner, les messages passent et circulent. Ils permettent à ceux qui ont été violés ou abusés de sortir de la honte du secret et de la culpabilité. Nous sommes moins sûres que ce débat et l'indignation qu'il provoque dissuadent les violeurs. Ils ont tous de bonnes raisons, et parfois même ils osent invoquer l'amour pour expliquer leur perversion. *Tigre, Tigre*[10] *!*, le livre de Margaux Fragoso, fait écho cette année au dernier roman de Christine Angot[11]. On nous dit que ces confessions dégueulasses ne sont pas de la littérature ? Eh bien, quelle importance ? À lire d'urgence.

On comprend fort bien, sans avoir fait de longues études de psychologie, l'importance de ces traumatismes de l'enfance pour la vie sexuelle de l'adulte. « *Ce n'est pas grave, ce que l'on fait là est pour te faire plaisir, dit le violeur… mais si tu parles, on nous punira.* » Ces enfants ont vécu le secret, la honte, la culpabilité. Comment feront-ils confiance à autrui désormais ? Pourront-ils envisager une sexualité délivrée de la contrainte, de la menace, du mensonge ? Voilà pourquoi les thérapeutes qui recueillent ces morceaux de vie doivent continuer à s'offusquer des travers sexuels de ces malades. Accusés, ils se défendront toujours. Je l'aimais tant, je voulais la ou le guider, l'initier au plaisir, j'ai été violé quand j'avais son âge. Ben oui, mais les raisons sont mauvaises, c'est un rapport de domination que l'abuseur instaure. Un rapport de pouvoir et l'arbre est tordu.

Revenons à la formation de notre petit couple. Comment s'opère la drague dépend de la « culture » de la bande, du milieu social. Sms, courriels, regards appuyés qui se cherchent, mains et bouches qui se rapprochent dans l'obscurité d'une salle de cinéma, entremetteurs et entremetteuses chargés de transporter sans rire le lourd secret… Tout est possible. Même de ne trouver personne dans ce grand marché. Autrefois on disait « faire tapisserie » quand la jeune fille restait collée le dos au mur, faute d'être invitée à valser. Certains font toujours tapisserie ! Ensuite commence le premier *rapt de l'histoire*. Pour que le petit couple existe, il faut mettre le groupe à distance. Les jeunes filles s'y emploient plus volontiers que les garçons qui rechignent à abandonner les troisièmes mi-temps sportives et leurs rigolades graveleuses arrosées de bière.

Dès lors, la stratégie amoureuse ne cessera plus. Elle prendra toutes les formes possibles. Il y a tant de monde sur la route de l'amour. Il faut éliminer le père et la mère, la famille, trop présents, les amis et amies… les rivaux possibles ! Si la demoiselle est futée, elle essaiera de s'infiltrer au cœur de la horde et de s'y maintenir en tissant quelques alliances parfois dangereuses. La meilleure amie surtout a la vie et la peau dure ! Avez-vous connu cela, et avez-vous essayé d'éviter que votre compagnon ne raconte tout à sa meilleure amie, tout, tout, et même votre vie sexuelle ? Se garder à gauche et à droite devient la règle, car le danger est partout, le drame et les pleurs possibles. L'envie de mourir aussi. La plupart des tentatives de suicide de l'adolescent suivent une déception amoureuse… Que l'amoureux trompe et mente ou vous plaque, et on s'ouvre les veines !

Dame Jalousie fera aussi de brèves mais fulgurantes apparitions qui laisseront les amoureux anéantis et ahuris. Celle-ci n'est pourtant pas une inconnue au royaume des émotions, car beaucoup la vivent ou l'ont vécue au quotidien avec leurs frères et sœurs. Mais elle n'a pas sa pareille pour vous déchirer le ventre et vous mettre à terre. À cet âge-là, on veut être *l'unique et on ne souffre aucun partage.*

On a de l'audace et un grain de folie comme l'héroïne de *Twilight* [12] ! De qui s'enamoure cette moderne jeune fille ? D'un vampire. Pendant quelques tomes et autant de films, nos adolescents ont pu voir comment on s'aime ici et maintenant. Nous ne dirons pas que ce pauvre extraterrestre d'Edward est le gendre idéal… ou le souhait de toutes nos filles ! Par contre nous retiendrons quelques poncifs prompts à nous rappeler que ces héroïnes n'ont pas froid aux yeux et n'attendent pas un prince charmant comme cette bêtasse de Blanche-Neige ! Bella ne peut aimer Edward ? Pas à cause des Capulets ni des Montaigus. Bien pire, Edward vient d'un autre monde hors humanité... Bien pire, Edward est immortel ! Qu'importe, comme Juliette et Roméo, Bella et Edward sont pris dans une tornade où l'amour est fou, absolu, fusionnel, et où il faut se battre pour qu'il triomphe.

Comment s'étonner alors, qu'abusés d'abord par les contes, puis relancés par les héros de ces romans picaresques, nous ne considérions pas que l'amour est la chose la plus importante au monde, qu'il alimente tout notre imaginaire et qu'il reste notre souci premier. Quelle angoisse avant le premier baiser... comment s'y prendre pour la première fois reste une question... jamais posée, dont on s'accommode comme on peut. Le héros de *Be safe*, un roman de Xavier-Laurent Petit, hésite pendant les trois quarts du livre à embrasser cette petite amie qu'il fréquente tous les jours et dont il est fou. Embrassera, embrassera pas... oui, c'est le souci de tous les soirs. Je dois le faire, mais où trouver cette audace ?

N'exagérons pas, il y a des avancées prometteuses qui ne nécessitent pas un recours à l'image pornographique que nous dénoncions plus haut. Les parents sont tout de même moins silencieux que ceux de la génération précédente, mais ils se trouvent aussi face à un dilemme délicat : comment parler de sexe en n'étant ni intrusifs, ni indiscrets ?

Est-ce bien à eux de donner des cours d'éducation sexuelle ? Nous ne le pensons pas. Ce qui doit être transmis est l'idée d'une sexualité heureuse. Pardonnez notre vocabulaire évasif mais nous ne savons comment traduire cette impression sensuelle que doivent transmettre les parents à propos du sexe en général. Imaginez une mère qui déflore en permanence la magie de l'acte sexuel auprès de sa fille et convenez que les petites phrases du style « bof, avec ton père c'est pas terrible » ne l'aideront pas. Quant à « l'amour c'est sale et le sexe, faut pas y toucher, tous les hommes ne pensent qu'à ça », nous vous laissons juges de l'effet produit. Heureusement, il y a des relais, les animateurs, les éducateurs, les amis, les frères et sœurs, le cinéma, les livres. Oui, nous l'avons déjà dit, les livres pour le jeune public sortent des bibliothèques et sont lus. *Harry Potter*, *Twilight* certes, mais encore bien d'autres qui sont loin d'être mièvres. Et puis il y a ces livres de souvenirs d'enfance écrits par de grands auteurs que nous conseillons à tous les parents de laisser sur la table du salon : Henry Bauchau, Annie Ernaux, Henri Troyat, Violette Leduc, etc.

L'imaginaire, le fantasme, le rêve vont jouer pendant toute notre vie leur rôle d'excitants. Une drogue douce que ces trois piments, qui peu à peu s'infiltrera, puis vous prendra tout entier ! On rêve, on se rêve amoureux, on trace son futur, on bâtit le château en Espagne. Le temps de l'adolescence est un temps béni où rien n'est encore impossible. Où la douleur est aussi probable que le bonheur absolu.

Alors se fait un bout d'apprentissage avec son concert de tromperies, de cachotteries, d'hésitations et de vraies et fausses certitudes. C'est ainsi que se font les premiers pas et ainsi que l'on apprend l'alternance entre le bonheur et la souffrance. On souffre beaucoup à dix-sept ans ! Merveilles que toutes ces plongées en apnée, merveilles qui permettront de comprendre un peu ce qu'est le sentiment amoureux à... l'adolescence, car pour le reste... il faudra attendre quitte à consulter encore quelques manuels !

Est-ce dire qu'en amour nos jeunes expériences ne nous apprennent rien et que tous ces préparatifs avant de s'embarquer en duo sont inutiles ? Oui et non.

L'enfant a appris toute la gamme des émotions. Il sait combien il est bon d'être aimé et reconnu, il sait déjà que l'on peut être abandonné, rejeté, oublié. Il l'a vécu souvent et se souvient de son désespoir quand, pour une raison quelconque, on lui a dit d'aller jouer ailleurs, qu'en aucun cas on ne voulait l'avoir entre les pattes. Il se souvient aussi de ces méchantes langues qui le traitaient de moche, de gros... il se souvient de cette soirée ou tapi dans l'ombre de l'escalier, il a entendu ses parents qui autrefois étaient inséparables lovés sur leur canapé, hurler qu'il fallait se séparer et qui font aujourd'hui chambre à part. Il sait qu'il faudrait qu'amour dure toujours... Ou enfin un certain temps.

Il va surtout découvrir qu'on lui a certainement un peu menti. On lui a dit « Amour toujours ! », « Amour pour tous ! ». Hélas ! quand il est revenu de vacances, sa petite amie l'avait remplacé. Hélas encore ! certains restent solitaires et ne trouvent que des copains ou des copines. « Je suis toujours la bonne copine, celle qui prête l'oreille et entend les confidences des autres, mais à moi on ne me propose jamais rien. » La laissée-pour-compte est seulement la « grande amie » et rêve d'un autre destin en regardant les feuilletons télévisés, prompte à décrocher le téléphone pour écouter sa copine lui raconter comme « c'était super avec machin, si tu savais ! ». Pourquoi pas moi, est son tourment ! La séduction s'apprend paraît-il puisque certains coachs le soutiennent. Personnellement, nous sommes perplexes. Nous pensons plutôt qu'elle est une résultante, signe de l'épanouissement de sa jeune personnalité. Le fameux charme, le doux charisme viennent d'une tête déjà bien dans son corps. Injustice qui s'accentuera car ces dispositions, en permettant de solides parcours, renforceront l'expérience et la connaissance.

Heureusement, notre petit, notre ado, ne veut encore croire qu'en l'espoir et en la vie. Le malheur n'est pas pour lui. Dans sa toute-puissance, il imagine qu'il va réussir où tout le monde se blesse et nous l'applaudissons pour cette prodigieuse disposition à vivre ! Il a un courage et un optimisme de conquistador. Il veut l'or de l'amour et toutes ses joies. Il va tout lui demander et les esprits chagrins auront bien du mal à lui faire admettre que réussir sa vie professionnelle est aussi important que de réussir sa vie amoureuse. Il rêve de sexe et de plaisir, il rêve d'union totale, de symbiose.

Ne le condamnons pas, ne nous moquons pas, c'est ainsi que nous l'avons élevé ! Ne nous condamnons pas, notre naïveté et notre espoir toujours entretenus nous sauvent du cynisme et de la dépression. Vous avez été, vous êtes amoureux… c'est si bon. Qu'importe si on aime l'amour que les yeux de l'autre nous montrent, qu'importe s'il est passager, s'il est capricieux ! On aime et on veut être aimé en retour. On veut du sexe et le sensuel de la fusion des corps. On veut ne faire qu'un, on veut le bonheur que promet l'amour à tout âge.

Les enseignements des débuts amoureux

Après cette période agitée de l'adolescence, quelques enseignements deviennent préceptes. À tort ou à raison. On acquiert la certitude que le couple et le bonheur doivent faire corps et que hors du duo... point de félicité ! Conformisme ou vérité, le célibat n'est pas naturel entend-on partout ! On ne peut être heureux tout seul. Rester célibataire était même autrefois une sorte de tare. Nous ne sommes d'ailleurs pas sûres que cette opinion, malgré l'évolution des mentalités, soit aujourd'hui obsolète. Jeune, jolie mais seule, est un slogan qui fait encore pâlir d'angoisse les jeunes femmes actuelles et l'image de la vieille fille est vécue comme une menace, surtout si dans la réalité, elles ont tout pour plaire : un beau job, un bel appartement, une belle apparence relookée par les diktats des magazines...

La plupart du temps, les familles en cœur ne manquent pas de leur rappeler qu'il est l'heure et le temps de trouver un mari. *Enfin quoi, si tu n'étais pas si difficile, si maniaque, si égoïste... si, si... Et comment ta cousine qui est moins bien que toi a trouvé... ?* Refrain connu. La pauvre fille se sent effectivement plus seule que jamais après de tels propos. Ne pas trouver, ne pas garder un amant laisse supposer que l'on cache quelques tares honteuses. Celles que nous rencontrons dans nos cabinets de psys craignent surtout de dépasser l'âge où une maternité sans danger est possible. La quarantaine les pousse inéluctablement dans ce statut de vieille fille dédaignée. Et si ce n'était pas un hasard ? Et si ce n'était pas un choix. Car il doit bien y avoir une raison, des raisons à ce célibat ! Elle est désagréable, elle a un caractère de cochon, des qualités physiques qui ne tiennent pas leur promesse au lit... bref, des vices cachés.

Les voici au ban de la société. Il paraît même que leurs jeunes amis en couple les snobent ! Avec qui placer à table le nombre imper, qui peut, qui ne se privera pas de draguer mon copain si nous partons avec ce boulet en vacances ?

Si on les écoute ce n'est pas un choix. Au plus une résignation. Elles ont aussi peur du célibat que de l'union. Peur d'être roulée dans la farine par des mâles qui n'en veulent qu'à leur joli dos alors qu'elles cherchent un mari, une épaule, un ami. En tout cas pas une coucherie d'un soir ! Or, il paraît que ces messieurs veulent surtout ça. Puis il y a tous ceux qui cherchent une maman, une esclave pour repasser les chemises.

Les hommes célibataires ne sont pourtant pas mieux jugés. Don Juan, ours, pingres, vieux garçons, vieux ronchons ! Ceux-là sortent souvent en bande, font du sport en équipe et préfèrent une bonne bière entre copains qu'une emmerd... ! Refus de grandir, refus de s'engager et conduites d'adolescents, disent les mauvaises langues. Peut-être ! Le processus est même en passe de se développer. Nous lisions récemment que l'île de Manhattan était peuplée à 60 % de célibataires qui sortent, consomment et s'accommodent tant bien que mal de leur sort. Phénomène américain et urbain où la possibilité de distractions et la place que tient la vie professionnelle font oublier les désagréments de la solitude ! Faute de compagnon, on renoue avec la vie en bande de l'adolescence, on s'étourdit et on bâtit sa vie autrement, en oubliant l'implacable loi du mariage à tout prix. Les difficultés économiques, les difficultés à trouver un emploi, à se loger, les amènent à renouer avec le groupe. On est en colocation pour des raisons pratiques, clin d'œil aux années soixante-huit où l'on s'assemblait pour vivre l'amour libre et jouir sans entraves !

Quant à ceux qui ne ressentent aucune affinité pour le sexe opposé et qui vont choisir un autre chemin amoureux, la société ne leur fera pas de cadeaux. Nous savons qu'elle n'est pas vraiment tendre avec l'homosexualité déclarée, malgré toutes ses affirmations contraires, malgré l'évolution de la législature. Or, après les essais permis à l'adolescence qui se cherche, la déclaration officielle de son orientation sexuelle peut faire rupture avec le milieu familial. Nous entendons encore des confidences de ce type. Preuves que les interdits ont la vie dure et que les parents veulent encore avoir droit de regard sur les choix sexuels de leurs enfants.

Malgré les prétendues avancées le problème de l'homosexualité n'est pas réglé. Sauf chez quelques distingués homosexuels, la souffrance, la culpabilité, le rejet sont toujours au programme. Regardons la passion que soulève la loi pour le mariage pour tous et les propos orduriers qui l'accompagnent.

La société aime le conformisme et la normalité. Toute insoumission est suspecte. Toute subversion signe de folie ou de bêtise pour ceux qui restent enfermés dans leurs certitudes.

Tirer le bon numéro

Il le faut, on le doit ! La recherche de l'élu(e) qui a toutes les qualités est un devoir d'intelligence et de sagesse ! Seuls les idiot(e)s épousent n'importe qui, clame le bien-pensant. L'espoir de trouver l'âme sœur oblige à une quête de tous les instants. Gare à ceux qui se trompent, la séparation est au bout avec son cortège d'ennuis et de « je t'avais prévenu ! » La *vox populi* est un grand censeur qui édicte une foule de règles à respecter. Tu dois épouser quelqu'un de ton milieu, tu dois t'assurer qu'il (ou elle ? Nous vous laissons le soin de féminiser pour la suite) a le sens de la famille, qu'il fera un bon époux, qu'il sera un bon père, qu'il n'a pas de vices, qu'il t'aime assez pour faire un long chemin car on dit que c'est pour la vie !

Bigre... Et surtout on n'oublie pas que le grand amour est obligatoire ! Qui se contenterait d'un mariage de raison comme l'ont fait nos arrière-grands-mères ! Plus personne. L'amour doit être le premier lien du mariage et il doit être vivant. *Vivant. Vrai. Passionnel. Intense.* Il ne doit ni faner ni flétrir avec l'âge. Voilà le challenge.

Autrefois, bien entendu, point d'histoire d'amour dans cette union utile et réservée à la famille et à la procréation. Tout juste si on demandait à la jeune fille si elle n'avait pas trop d'aversion pour son futur. « Que vous le vouliez ou non, vous l'épouserez ma fille », ordonnent les pères pendant des siècles. Certes, cela donnait parfois des situations piquantes et des fuites salvatrices comme le montre Molière avec ses filles insoumises. Mais la plupart du temps la jeune fille se retrouvait unie au vieux barbon... et patientait jusqu'à sa mort, en espérant que l'héritage la sauverait du remariage, le statut de veuve lui permettant quelque liberté. Donc, le mariage Ancien Régime garantissait le lignage et l'économie de moyen dans la classe populaire quand elle manquait de bras pour travailler. Prudents aïeux qui savaient que l'amour ne durait pas autant que le mariage et qui s'en accommodaient en l'agrémentant de maîtresses et d'amants ! Les mentalités évoluant très vite, au nom de la liberté et de la modernité, de la déconstruction des traditions, on a inventé le mariage par goût, choix et inclination.

Certains persistent à penser qu'il n'y a *qu'une* âme sœur et une seule possible. Nous revoici aussi bêtes que le prince du conte, contraints de chercher une aiguille dans une meule de foin. Les amoureux de Mozart se rappelleront la jolie complainte de la servante Barberine des *Noces de Figaro*, chargée de délivrer les petits billets d'amour clos par l'épingle... qu'elle perd ! Embrouillant symboliquement tous les coquins prêts à succomber aux charmes de l'infidélité amoureuse et fichant une joyeuse pagaille. *L'Ho perduta... me meschina, Ah chi se dove sara ?* Personne ne sait où se cache l'élu derrière son masque dans la comédie à l'italienne et dans la vraie vie ! Même quand les masques tombent.

Alors, il y a ceux et celles qui ne sortent plus guère car leurs soirées se passent entre rêves et claviers d'ordinateurs... à la recherche de cette fameuse âme sœur qui les attend quelque part. Que l'on va sûrement trouver ce soir. Que reste-t-il à dire après les centaines de mémoires que les universités de psychologie et de sociologie déversent sur la planète à propos des sites de rencontres ? Un essai d'Antonio Casilli se veut rassurant. Ainsi, le « je » qui se déclare et s'expose sur Meetic ne serait pas vraiment un autre.

Entendons que, quand on tape sur notre ordinateur, « Je » n'est pas une autre personnalité, contrairement à ce qui est souvent dit en insistant sur la schizophrénie qui accompagne les mensonges éhontés. Jules est jeune, il met une photo avantageuse, il est paré de toutes les qualités requises, il est ouvert, riche, autonome, il aime les voyages et la convivialité, il veut une relation sérieuse. Jules se veut ainsi, il ne ment pas vraiment ou alors… à lui-même ! *Ce « Je » ment, trompe, espère autant dans la vraie vie.* Sur terre et sur le net, on rêve pareillement. La séduction a ses codes. Au début d'une relation, enjoliver les choses est la règle. Personne n'a l'idée de raconter la vraie vérité, avec ou sans clavier. On se retrouve pour boire le premier café, passer la première nuit et si au retour le carrosse prend l'eau, on recommencera malgré tout demain avec autant de naïveté et d'espoir. Sa boussole à la main, tel un Don Juan affamé, notre candidat amoureux cherche sa moitié. Au même moment, une Don Juane aux yeux charmeurs va croiser son regard ou répondre à son courriel. Dans la foule du night-club hurlant ou de l'amphi bondé, seul devant sa machine, l'aventure peut commencer. Deux peaux, deux désirs, deux sexes, avec l'espoir fou que ce soit la bonne. Celle qui mène au bonheur.

Le but atteint, l'amoureux découvert, il faudra encore beaucoup de persévérance pour gagner un coin de paradis et le garder jusqu'au mariage. Trouver le temps, ne se consacrer qu'à cela. Comme la belle du Seigneur (l'Ariane mythique du non moins mythique roman d'Albert Cohen), ne vivre que dans cet amour et que pour lui. Car on veut fonder un couple réussi, une entente à la vie à la mort. Seul peut-être aujourd'hui le désir de nombreux enfants s'est assagi.

« Allez, avec deux ce sera suffisant… » Parce qu'à côté il faut bien vivre !

Se connaissent-ils vraiment eux-mêmes, ont-ils déjà des goûts, des façons d'être et d'agir bien à eux, qu'il va falloir accommoder à l'unisson ! Faut-il déjà bien se connaître avant de choisir l'Autre ? Existe-t-il des prérequis comme pour l'apprentissage de la lecture ? Encore une fois, oui et non. Disons tout de suite qu'on a l'impression de choisir. En fait, on choisit bien moins qu'on le pense, prisonniers d'une série de handicaps posés par les diktats souverains. Les mariages ne sont plus arrangés, mais « conditionnés ». Faut-il choisir quelqu'un de semblable à soi, ou son contraire puisqu'il paraît que ceux-ci s'attirent ?

Oserons-nous dire que nous choisissons souvent bizarrement ! Bizarrement, ici, veut dire que les raisons de notre choix sont souvent déraisonnables. Il suffit de regarder en soi et autour de soi pour s'en convaincre. Interdictions parentales et sociales transgressées, lois morales bafouées ou obéissance passive… Pour le meilleur et pour le pire. Curieusement parfois pour le pire alors qu'il est perçu d'emblée et que la petite voix intérieure hurle à la fuite. « Je n'aurais jamais dû le rencontrer, je savais que j'allais à ma perte » est une réflexion très pertinente que nous entendons souvent. Bien sûr que nous savions confusément que nous nous égarions, mais nous n'avons pas pu nous en empêcher… pour des raisons aussi bonnes que celles qui nous ont empêchés de fuir au dernier moment ! Nous savions, parce que certains détails nous ont alertés. Et cela dès le départ de l'histoire. « J'ai voulu y croire, j'ai pensé qu'il changerait, que mon amour, ma tendresse le toucheraient, le rendraient plus attentif. » Le changement pour demain on y croit tous. Demain sera autre ? Il se peut.

Les motivations de l'engagement sont de toutes sortes. Pour l'instant, agacer mon père et son autorité naturelle, avec cet amant pas du tout à son goût, me réjouit. Il a déclaré que le promis était lâche et feignasse. L'entourage est toujours très prévenant et plein de bonnes intentions, mais pourquoi lui obéirais-je ? Effectivement dans ce cas-là, on est sourd. Ces parents dictateurs ne peuvent pas comprendre et veulent simplement vous garder sous leur toit. Le triste « je le savais, j'ai su tout de suite qu'il était... violent, ou jaloux », fruit d'une bonne intuition, est relégué au fin fond de soi...

L'obéissance aveugle aux injonctions de l'entourage n'est pas forcément meilleure conseillère. Comme l'opposition, elle peut être une mauvaise amie. Corinne et Élisabeth en témoignent.

Corinne a toujours entendu sa mère lui seriner qu'un mari devait être sérieux, travailleur et fidèle. On ne s'insurgera pas contre cet idéal... de maman en droit d'espérer le gendre idéal ! Corinne l'a trouvé. Son mari est idéalement sérieux, fidèle et travailleur. Tellement sérieux que Corinne s'ennuie à mourir et meurt à petit feu. Élizabeth, sa sœur, n'a rien voulu savoir et a épousé un feu follet, jouisseur et hâbleur qui joue au tiercé, la trompe et fait la bringue avec les copains. Toutes deux ont bien repéré que leur choix avait été dicté par ce qu'elles avaient retenu des leçons de leurs parents et de leurs problèmes. Chacune à sa façon. L'une a écouté maman se plaindre de son mari volage et a décidé de faire un meilleur choix, l'autre a choisi la même personnalité que papa ! Corinne sûrement plus soumise ou plus compatissante a choisi d'écouter maman. Élisabeth sûrement éblouie par le tempérament de son père et refusant de valider la peine de sa mère a cru qu'elle saurait désennuyer l'ennui. Ni l'une ni l'autre n'est satisfaite.

Vertige de l'amour pour Élisabeth ? Sûrement pas. Aveuglement ? Non, affirmation de soi. Quitte à me tromper, je veux décider toute seule. Une grande victoire si on pense au passé de soumission de l'enfance. Corinne a préféré écouter maman, mêlant son histoire et ses désirs aux siens. Les raisons ne résisteront pas à l'analyse, car on est dans un cas d'école : Ne pas souhaiter mécontenter père et mère est une constante émouvante et puérile, plus fréquente qu'on ne le pense. D'ailleurs ces critères de sélection ne sont bizarres que pour les autres et sûrement pas dépourvus de sens pour soi. Eh oui, il arrive que l'on puisse préférer faire plaisir à maman plutôt que de décider d'être heureux sans elle ! Une vie sous influence ! Nous aurons l'occasion d'y revenir. Acceptons pour l'instant que tous nos comportements aient un semblant de sens, même si celui-ci nous échappe. Notre raison, largement vantée depuis le siècle des Lumières, a des failles et est parfois largement vaincue par ces forces obscures que sont nos inconscients. La gloire du XXIe siècle est de le reconnaître et de s'en préoccuper.

CHAPITRE 2

Le moi mystérieux de l'amour

« N'est-il pas évident, cher Xénophon, dit Socrate, que les Hommes ne sont jamais plus heureux que lorsqu'ils se connaissent eux-mêmes, ni plus malheureux que lorsqu'ils se trompent sur leur propre compte ? »

PLATON

Pulsion et raison

On a l'habitude de déclarer le Moi satisfait quand il a su faire le bon mariage entre ses pulsions et son surmoi. La formule est réductrice mais elle a le mérite d'être claire. Comprenons... que le moi est satisfait quand nous sommes capables de dominer la mauvaise bête qui est en nous, pour laisser agir celle qui est policée, adaptée. Celle qui procure quiétude et harmonie.

Freud dans *Le Moi et le Ça* paru en 1923, explique que le « ça » est la pulsion naissante modifiée par le moi, qui tente de trouver un compromis sous la pression constante du surmoi, gardien du lien social qui cherche à maîtriser les pulsions. Ce qui fait du ça le réservoir des désirs inavoués et refoulés, la partie la plus obscure, la plus impénétrable de notre personnalité ; « Chaos, marmite pleine d'émotions bouillonnantes [1] » ; du moi, une partie du ça modifiée par le monde extérieur ; et du surmoi, une instance inquisitoriale et une conscience morale, sorte d'idéal du moi.

Si nous voulions plus trivialement adapter cette formule à notre sujet, nous pourrions mettre en scène un ça prêt à forniquer tout ce qui le tente, un moi qui essaierait de garder un peu de pulsion… et un surmoi posté en chien de garde pour juger du bien-fondé de tout cela, cherchant toujours à faire mieux !

S'il est vrai que le fonctionnement du ça nous échappe toujours un peu, parce qu'il est réprimé dans nos sociétés où il ne se montre que dans les grandes pathologies, les psychoses sévères, ou chez les tueurs en série, nous devons en permanence composer avec notre quête de plaisir pour notre propre équilibre.

Avis à tous les Don Juan, le principe de réalité ordonne que vous sachiez retenir votre pulsion dévastatrice pour votre propre sauvegarde. Si certains le comprenaient, ils ne se retrouveraient pas accusés d'avoir sauté violemment sur une femme de ménage dans une banale chambre d'hôtel. Une histoire sans gloire ni panache !

Le surmoi, lui, doit être satisfait. Quand il a matière à se rebeller parce que vous le négligez, il peut vous ennuyer durablement par une bonne dose de culpabilité. C'est un flic sévère, une conscience morale dressée comme la justice, qui peuvent produire des flots et des flots d'engueulades. Qu'as-tu fait ? Pourquoi ? Comment est-ce possible ? Quelle punition méritent de telles fautes ? Une bonne dépression, une image de soi à jamais ternie, des migraines, des ulcères, un repli sur soi dans la pénitence et l'oblation ! Tout est possible, y compris une bonne paranoïa qui va accuser les autres d'être responsables.

Retenons encore la leçon de Freud [2] : La plupart des composantes de notre psyché sont inconscientes et ne nous parviennent que par le truchement d'indices : rêves, actes manqués, symptômes, actes artistiques. La recherche s'avère alors laborieuse, s'il nous faut éplucher et analyser tout cela. Laborieuse, mais amusante. J'ai rêvé cette nuit du beau garçon aperçu hier au soir ! J'ai oublié de venir à l'heure dite au rendez-vous que tu m'avais imposé ! L'interprétation est aisée : le beau garçon aperçu hier vous plaît, quant au rendez-vous oublié... ce n'est pas un hasard, mais une façon de vous avertir que vous vouliez vraiment oublier. Donc, il ne faut plus penser qu'à cause de cet inconscient qui joue à cache-cache, nous ne sommes jamais libres. Il est mystérieux mais on peut le débusquer. Il est même le roi de ces fameuses séances d'analyse tant décriées ! Si l'on est un peu attentif on le trouvera partout [3]. Ou tout au moins, il se signalera.

Parfois l'Autre, notre ami, notre frère sera un bon passeur. Surtout en amour ! Écoutons nos amants, ils sont parfois très perspicaces et nous renvoient notre image. Certes, revue, perçue à leur façon, mais n'est-ce pas cela qui importe ? Comment l'autre me reçoit, comment il me perçoit dans mes comportements, si ce n'est dans ma pensée. Ce retour nous permet aussi une bonne introspection. L'Autre, amoureux ou pas, me surprend égoïste et sans gêne, le suis-je ? La question de la fidélité à soi-même rebondit comme jamais. Dois-je conserver mes défauts sous peine de perdre mon ami ? Dois-je être ce qu'il veut que je sois ? Si nous savons trouver le bon mode d'emploi, l'altérité nous protège de la maladie de Narcisse et de cette triste solitude de soi à soi.

Il faut aussi éviter de se perdre dans des introspections ruminantes. La rumination signe plutôt la névrose et une forme de procrastination. Prenons le risque de choquer notre lecteur et tous les fanatiques de l'absolue vérité ! Avons-nous vraiment besoin de savoir pourquoi on a choisi Anne plutôt que Lucie ? Pourquoi une subite intuition nous a-t-elle amené vers celle-ci ou celle-là ? L'important est de réussir une belle histoire avec Anne ou avec Lucie. Nous ne disons pas non plus que toutes les Lucie et toutes les Anne se valent ! Nous prévoyons seulement de ne pas tout analyser et de laisser une très légère part de mystère à la rencontre si subtile de deux êtres, pendant que « dans les lumières et les ombres du psychisme, une tragédie se joue entre les pulsions du ça, les défenses du moi et les interdits du surmoi [4] ». Bigre, il n'est pas étonnant que nous soyons parfois, et malgré nous, survoltés ! Imaginons le grand désordre que doit causer la moindre décision amoureuse en ces sphères inconnues et faisons confiance à qui en sait plus long que nous. Après tout, ce n'est pas si mal la plupart du temps ?

Quand les choix sont faits, il est bon de les mener au port. Il est toujours temps de décider ce que l'on veut garder du fatras imposé par son éducation et son histoire, et ce que l'on veut perdre pour la gloire de notre moi et l'apaisement des pulsions que Dame Nature nous a données. De toutes les manières, et comme dans tout choix, il y aura quelque chose à perdre, une frustration à avaler, un mystère à percer. Cette carapace éducative qui nous a protégés jusqu'ici peut devenir un handicap et nous asphyxier littéralement, nous conduire parfois à faire des choix qui ne sont pas vraiment les nôtres. Elle est souvent un très gros carcan qui nous étourdit au point de nous faire oublier nos véritables aspirations. Les raisons de ces comportements conventionnels sont infinies et très personnelles comme le sont celles de Corinne, le plus souvent dictées par la peur d'être rejetée si… je ne fais pas ce qui est habituellement accepté. Ce que tout le monde trouve bon et bien… pour moi ! Qui peut ne pas être ma vérité profonde. Le fameux moi est manipulé au nom du bien-être général à tort et à raison par toutes les lois que je n'ai pas écrites et auxquelles je dois me soumettre.

Ainsi la première de toutes ces lois lui murmure que l'humanité doit se reproduire et qu'il est bon qu'il y contribue. Ce qui suppose la construction de sa propre tanière. Le moi doit donc apprendre à vivre avec son complément pour perpétuer l'espèce. D'où l'idée du couple normal, un homme, une femme et pas autre chose. Il sera difficile, pour ceux qui en ont décidé autrement, de vivre avec le mépris et le regard désapprobateur des bien-pensants. Pourtant, là est leur victoire. Être soi-même et fidèle à soi-même impose que l'on sorte parfois du conformisme et de la Panurgie, pour faire accepter les différences.

Devenir soi est une recherche de tous les instants à la découverte de ce que l'on peut nommer communément harmonie. La liberté étant la donnée obligatoire. Je ne dépends de rien, sauf de ce que j'ai décidé de poser comme entraves à mes désirs pour mon bien et celui de l'autre qui a tout intérêt à avoir une autre personne libre en face de lui. Loin d'être un acte d'égoïste, ce précepte protège et respecte les autres.

Les mille et un conseils ne manqueront pas, toutefois l'exercice est plutôt personnel. Revoyez le penseur de Rodin. Il est seul et tout son corps est tendu ! Qui suis-je ? Qu'est-ce que je veux pour moi ? Ajoutons à cela que le « connais-toi toi-même » n'est jamais résolu. Il est en conversation permanente avec lui-même.

Connais-toi toi-même et tu...

Cette fameuse injonction inscrite sur le temple de la Pythie à Delphes, « Connais-toi toi-même », se termine par deux suites possibles : « et tu connaîtras l'univers et les dieux » ou plus énigmatiquement pour la seconde version : « Laisse le monde aux dieux et reconnais que tu es mortel. » Nous préférons insolemment la première formule. Nous n'avons pas peur de connaître les dieux, car si nos souvenirs scolaires sont corrects, ils ne sont ni sages, ni bons. Leur histoire n'est faite que de passions, enlèvements, tromperies, enfants illégitimes et grands plaisirs. Zeus en tête, toujours poursuivi par les foudres de sa malheureuse épouse Héra ! De tels dieux méritent d'être bénis pour la plus grande gloire du sujet de ce livre !

Quant à la peur de mourir... On a bien compris qu'elle faisait partie de notre patrimoine.

Le processus de cette connaissance intime peut prendre du temps, mais rien n'est jamais définitivement foutu pour la liberté de son moi et la connaissance qu'on en a. Bel espoir pour tous ceux qui souffrent de se voir voler leur identité, qui restent sous la coupe, la dépendance d'un donneur d'ordres.

Généralement, on ne se prive pas de nous renvoyer ce que nous sommes. Oh, toi tu es violent, toujours de mauvaise humeur, râleur, mauvais joueur, timide, orgueilleux. Est-ce exact ou subit-on réellement les effets de cette interprétation en la faisant sienne : on me veut ainsi, je m'y emploie ? Oui parfois, et plus qu'on ne le pense. Ainsi les parents dès votre arrivée peuvent déceler que vous avez un fort tempérament, comme tante Alice. Ils seront si convaincus que vous êtes la réincarnation de ladite tante que vous aurez envie de lui ressembler pour ne pas trahir la lignée. Vous voilà, malgré vous, embarqué dans l'histoire familiale. Vous vous en sortirez ou pas, selon la puissance de l'injonction et ses bénéfices... Après tout il est peut-être formidable de prendre le relais de tante Alice et d'en faire son choix d'imitation !

Disons bien pourtant que tous ces jugements portés, tous ces qualificatifs attribués vont peser lourdement et contribuer à faire ce que vous êtes. « Tu es le portrait de ton père, tu es bien comme ta mère » peuvent être des poignards tranchants, ou des liens attachants. Ils nous feront réfléchir. Suis-je ainsi, si on me voit ainsi ? Ou bien, personne ne peut me connaître car je suis une énigme et mon esprit libre échappe à toute définition ? Il y a de ces personnages que l'on décrit pudiques ou réservés, énigmatiques même, dont on ne sait jamais rien. Ils se cachent sous différents masques : la fausse timidité, les informations nébuleuses voire contradictoires. Bref, nul ne sait ce qui se passe dans leur tête. La plupart du temps ce sont des êtres échaudés et prudents. Ceux qui savent très tôt que la parole a du sens. Ne rien dire de soi, c'est se protéger. Bien sûr la « vérité vraie », comme disent les enfants, n'est pas de mise ici. Au mieux ce moi dira ce qu'il croit être sa vérité, tels les héros du dernier livre de Russell Banks : « Comme je l'ai dit, personne n'est obligé de vous dire ce qu'il est. Et personne n'est obligé non plus de vous dire la vérité sur son propre compte. On a tous nos petits secrets, n'est-ce pas ? Et on raconte nos petits mensonges, parfois pour des raisons bien inoffensives [5]. »

Roueries et mensonges

Pour se protéger de trop de transparence, il y a donc le mensonge et ses bénéfices tout à fait primaires, talonné par la rouerie et ses bénéfices secondaires ! Nous faisons entre les deux une distinction fort fantaisiste et arbitraire, décidant que le premier est protecteur et le second pervers. Reprenons le cas du héros Kid de Russell Banks. Il est condamné pour acte sexuel délictueux et balade sa peine et son bracelet électronique sous un viaduc de Floride. Ce n'est vraiment pas quelque chose à avouer. Alors il ment, s'invente un personnage glorieux. Comment alors faire confiance à l'Autre ?

Comment croire que les paroles de l'amoureux transi sont vraies ? Comment croire qu'il est ce qu'il dit être ! Se connaître est déjà une belle aventure et nos comportements mêmes nous surprennent souvent, alors prétendre connaître l'autre… L'autre dit de lui ce qu'il lui semble juste de dire car il sait que le mot n'a pas le même sens pour tout le monde. Il sait que le langage de la raison et celui du cœur se manient avec précaution. Il sait que s'emballer à dire « je t'aime » est un engagement… au moins pour celui qui l'entend. Il peut alors décider de l'employer ou pas.

Décider d'être vrai ou secret. Protéger ou blesser, tel est le dilemme du langage amoureux.

Il n'est pas liant de déclarer à sa conquête tous ses défauts. Place donc aux baratineurs et aux demoiselles admiratives. Aux menteuses et aux naïfs.

On est sorti de la nécessaire fidélité à soi-même. On rejoint la cohorte des menteurs des sites de rencontres. On joue un personnage. Le pire, nous a dit un ami, est « qu'il y ait des gogos qui croient encore à la sincérité ». Cette réflexion nous a beaucoup interpellées. Veut-il dire que nous mentons tous ? Que nous nous mentons tous ? Veut-il dire que nous sommes obligés pour nous supporter nous-mêmes de nous mentir à notre propre sujet ? Nous pensons comme notre petit Kid que le mensonge nous aide à vivre mais qu'il ne nous leurre pas trop longtemps. Juste le temps nécessaire avant de se reprendre pour se demander pourquoi on a raconté à l'amoureux telle ou telle sornette. En fait la réponse est simple : on a menti pour donner une bonne image de soi et attirer l'Autre dans sa toile comme l'araignée. Comme le paon déploie ses plumes pour charmer sa belle. Cette technique n'est pas si négative qu'il n'y paraît. À force de se mettre à genoux, disait le grand Pascal... Oui peut-être le mensonge est-il un souhait exprimé. Je suis le meilleur écrivain de ma génération. Je suis le numéro un de mon équipe. Pour ne pas se dédire, on peut mettre tout en œuvre pour le devenir. Le mensonge devient alors un idéal vers lequel on se hisse.

Mon Autre en revanche dit ne pas aimer les mensonges. Il dit attendre un minimum de sincérité et de loyauté. Si la trahison vient après que l'on a donné sa confiance, les yeux dessillés seront féroces. Nous avons entendu la souffrance de centaines de colères d'amoureux trompés. « J'ai fouillé dans ses affaires, j'ai décodé son portable, j'ai trouvé le mot de passe de son ordinateur... Stupeur, je découvre un inconnu. » Un inconnu ! Ainsi cet être à qui j'ai donné tout mon amour me trompe, dissimule et me ment. Trouver pour quelles raisons je suis trahi s'impose. Il aime ailleurs et c'est ma faute, sera la première interprétation qui vient à l'esprit. Il n'est pas sûr que ce soit la bonne.

C'est pour cela que nous soutiendrons qu'il est prudent de taire certaines infidélités. Parce que toute vérité n'est pas bonne à dire... tout le temps. La vérité a ses lois. La première étant de préserver l'Autre. Vous avez du mal à être fidèle, vous papillonnez et butinez à droite et à gauche. Est-ce parce que votre partenaire ne vous satisfait pas ou parce que votre caractère ne se satisfera jamais d'un seul amour ? Parce que vous avez en permanence besoin d'être rassuré sur votre pouvoir de séduction, ou bien un peu des deux ou encore autre chose... ? Parce que vous ne supportez pas la frustration que cause un engagement par définition restrictif, car vous voulez tout [6] ! Dans de nombreux cas, il s'agit plus de vos impossibilités à vous engager dans un seul choix que des failles de votre partenaire. Point n'est besoin alors de lui faire porter votre mal-être !

Pascal Bruckner a écrit quelques pages très sensées, sur la transparence, prônée au nom de la fidélité à soi-même. Nous y souscrivons : le fidèle à lui-même authentique n'a pas tous les droits.

« S'il ne suffit pas d'être soi pour avoir raison, le culte moderne de l'authenticité conduit tout droit au triomphe de la muflerie... la muflerie est le projet inverse de la galanterie : traiter l'autre en instrument dont on se débarrasse une fois qu'il a servi [7]. »

Voilà, c'est bien dit et nous nous en souviendrons lors de nos conclusions.

Qui suis-je : un homme ou une femme ?

> « *On naît bel et bien fille ou garçon, et ensuite… ça se travaille.* »
>
> Nancy HUSTON

Le corps le dit. Certains s'en contentent. Rude tâche que de démêler ce qui est dit « féminin ou masculin » en dehors de nos attributs sexuels. Bien sûr, nous ne sommes pas pareils, mais devons-nous nous battre ou nous rassembler au nom de ces différences : sexe, poids, taille, force physique ? Les mots suffisent-ils pour nous comprendre, ou bien serons-nous toujours des étrangers qui ne parlent pas la même langue ?

Les experts américains de la théorie des genres [8] font du sexe une construction sociale. En 2012, la romancière et essayiste Nancy Huston [9] fait un heureux scandale en insistant sur les différences *de nature* entre hommes et femmes. On peut feindre d'y lire une resucée de la question de l'inné et de l'acquis, il n'en est rien. Très finement, elle ne dit trop rien sur l'inné, sauf cette bête évidence : une fille n'est pas un garçon [10], et reconnaît bien évidemment que notre histoire et notre milieu sont déterminants. On naît biologiquement homme ou femme, nier les différences est une ânerie.

Comprendre ce qu'est une femme… et ce que n'est pas un homme ou vice et versa, voici des données bien utiles pour le chapitre de l'amour, car il est question d'accueillir un autre moi aussi mystérieux, une énigme de plus que nous approchons sans filets. Ou avec des filets pleins de trous.

Certes, on a vu et fréquenté l'autre sexe, on devine des similitudes et des ressemblances. On accuse les différences. Même si les temps changent, les idées cheminent surtout sur le papier ou dans l'intention. Un peu moins dans les comportements ou sur les images que se renvoient hommes et femmes dans la représentation amoureuse. Les clichés ont la vie dure.

Les femmes... sont... seraient toujours des midinettes en quête *excessive* d'amour. Excessive est l'adjectif que certains hommes relaient : « Elles veulent qu'on leur téléphone dix fois par jour, qu'on leur dise notre amour à longueur de journée, qu'on leur ramène fleurs et compliments, que l'on voit bien qu'elles ont aujourd'hui éclairci leurs cheveux d'un ton, qu'on se souvienne de l'anniversaire de mariage... » Il s'ensuit une vilaine incompréhension et souvent une grande amertume de part et d'autre alors qu'il s'agit surtout de différences de priorités ou de perceptions. Les mauvaises langues disent encore que les hommes gardent en eux la peur de « la femme fatale », de la « mangeuse d'hommes », voire de la mère toute-puissante.

Pour se venger, les femmes ont aussi des opinions bien arrêtées, héritées de leurs ancêtres, ranimées par les batailles de ces cinquante dernières années. L'homme serait pervers, violeur, lâche, infidèle, égoïste par nature, vexé de ne pas pouvoir, comme certaines espèces, se reproduire tout seul. Pervers et violeur, parce que sa sexualité l'encombre et qu'il n'essaie pas de la dominer. Infidèle, consommateur de sexe et d'images pornographiques pour la même raison.

Il ne s'engagerait qu'égoïstement pour trouver la bonne fille qui allégera les petits travaux domestiques dont il a une sainte horreur. Repasser ou pas les chemises est devenu une telle source de conflits que l'on supplie les couturiers de faire en sorte qu'on ne les porte que froissées ! Bref, les statistiques sont impitoyables, notre homme n'en fiche pas lourd à la maison, mais il peut accomplir quelques prouesses si on le lui demande gentiment... plusieurs fois de suite ! Plus important que cette légèreté à vivre condamnable, il détient une vision masculine des rapports amoureux et le pouvoir économique la plupart du temps. Le pouvoir économique, parce qu'il ne se demande guère qui gardera les enfants et manage sa carrière.

Doit-on l'envier ? À sa décharge, nous pensons que les rapports de force très aiguisés du monde du travail ne lui facilitent pas la tâche. Nos sociologues en dévoilent quotidiennement les difficultés. Il s'y consacre souvent entièrement pour sa gloire ou celle de sa famille.

Les temps changent, nous dit-on. Croyons-le. Les revendications féminines le déstabilisent et le poussent à réfléchir ! C'est un bien. Nous en voyons quelques effets. Tous les psys vous diront que les hommes poussent maintenant leurs portes, osant chercher du réconfort. « Ma femme m'a quitté, j'ai mal à en mourir ! » Un homme peut souffrir du manque d'amour et d'abandon, voilà qui est romantique à souhait. Malheureux héros de fiction qui se révèlent fragiles, aussi fragiles que le sont les femmes.

« Ne pleure pas comme une femme[11]... », disait une femme au chef Boabdil qui venait de perdre Grenade… Pleurez, hommes délaissés…

Et si chacun contenait une part de l'autre : femmes viriles et hommes féminins ?

La théorie des genres, citée plus haut, accuse notre système éducatif d'être responsable de l'aliénation des femmes. Cantonnées à la cuisine et aux soins des enfants, elles attendent de l'homme protection et sécurité, même si… elles ont enfin conquis le droit de travailler en plus. Grâce à cela elles se sont virilisées. Même dans la tenue. On doit à Mme Chanel la mort du corset et au grand couturier qu'était Yves Saint Laurent le tailleur-pantalon et le smoking pour femme. Désormais, hommes et femmes s'habillent pareillement. Sauf qu'excepté pour les Écossais, Jean Paul Gaultier et l'excentrique Marc Jacobs, le contraire ne s'est pas produit ! Les hommes ne portent pas de robe. On aurait tant aimé (nous les femmes) que le vent coquin soulève enfin le kilt pour apercevoir le petit slip Dim ou Calvin Klein ! Nos femmes politiques, nos banquières se dissimulent derrière la panoplie du sérieux, bossent plus durement, ne prennent plus de congés de maternité… Aujourd'hui, les hommes consentent à les prendre, ils arrivent même à changer les couches du bébé. C'est le progrès.

Les clichés, qui figent les genres et sont porteurs de possibles désaccords, vont-ils s'oublier lors de la rencontre amoureuse ?

Oui pour la plupart, car lors de la rencontre on oublie toutes les bêtises entendues et toutes nos différences. On se reconnaît et on se trouve semblables comme une pomme partagée. Je pense comme toi, je rêve comme toi, je souhaite ce que tu souhaites. Cet état de grâce ne va durer qu'un temps car hélas les dissonances ressurgiront au moindre pépin et viendront allonger la longue liste des récriminations : « Tu es bien comme tous les hommes... » ou « tu ressembles à ta mère, donc à toutes les femmes », injures horribles !

Le premier écueil du duo est de rêver dès le début à une éternelle fusion... qui par nature a toutes les chances de se fissurer. Le premier éblouissement passé, je redeviens moi, tu redeviens toi. Un homme, une femme. Différents. Et c'est bien entendu cette réalité qui va poser problème, car elle va faire ressurgir les ambiguïtés. Comment concilier similitude et égalité, avec les revendications des anciennes valeurs : protection, sécurité, soumission, rapport de force ? La problématique n'est pas neutre.

Et moi et moi et moi !

Nous sommes au creux du paradoxe amoureux. Comment vais-je réussir à rester ce que je suis, ce que je souhaite être, avec cet être de choix ? Comment ne pas tomber dans cette fusion où je me noierai certainement, alors que je viens tout juste de me séparer de mes parents pour trouver ma liberté ? Ces attachements et détachements parentaux sont de terribles passes d'armes ! Est-ce vraiment intelligent d'avoir tellement ramé pour se débarrasser de sa dévorante mère ou de son autoritaire de père, pour aller se refourrer immédiatement après sous la coupe d'un autre, sous prétexte qu'on l'aime !

Dire que l'amour attache est d'une grande banalité puisque c'est sa fonction même. Toutefois, certains liens sont plus acceptables que d'autres ! Leur rôle est de retenir joyeusement, mais pas de déchirer les chairs qu'elles enserrent. Bien sûr, pour complexifier le problème, chacun a son idée sur la longueur de la chaîne… en fonction de son histoire, elle est correcte pour l'un et inadéquate pour l'autre. Là encore, il faudra s'entendre et lentement, par essais et par erreurs, décider de la bonne taille. Il faudra encore éviter d'idéaliser ou de diaboliser ces liens. La déception qui suit l'idéalisation du duo est fatale. Comment mon prince peut-il me délaisser, et oublier nos premiers émois ?

On s'accorde à dire que l'amour ne dure que trois ans. D'où le dilemme mortel qui surgit de cette idée même : Faut-il partir quand l'amour est mort ? Que reste-t-il des amoureux après cette période où l'aimé cristallise un monde à lui tout seul, où l'on ne voit rien d'autre que lui ? Pourra-t-elle durer sans perturber ma vision des choses ? *Le divorce est l'éventuelle réponse à ce couple de l'amour fou. Amour fou*, le mot n'est pas vain ! Du fou il épouse les comportements et les émotions excessives. L'amoureux fou ne pense qu'à ça ! Non pas obligatoirement à l'être aimé du reste, mais à lui-même avec l'être aimé… devant l'être aimé, en son absence. Ce qui suppose une bonne dose de narcissisme. On aime beaucoup être amoureux ! Tout acte, toute minute est liée, ficelée avec l'aimé qui devrait être présent, devrait dire, devrait donner un sens à la vue du beau paysage ou du beau moment.

Comme je voudrais que tu sois à mes côtés en permanence, dit l'amoureux. Je travaille en pensant à toi, répond l'aimé, et dès lors tout prend du sens. L'amour donne ainsi du poids à l'absurde existence et transcende le quotidien. C'est pour lui que l'on se décarcasse. Pour le garder.

Pour être sûr qu'il est toujours là, on l'éprouve. Est-ce que tu m'aimes assez ? Et « montre-le ! ». Aïe, les comptables sont devant leurs bouliers. Tu n'as pas téléphoné, offert de fleurs, embrassé, pensé suffisamment à moi ! Devant de telles demandes, le fautif se fait petit. Un jour ou l'autre, il échappera peut-être à tant d'insistance et de culpabilité. La fusion porte en elle sa propre mort dès sa naissance. Nul ne survit à la pression qui, au fil des jours, enfle et étouffe.

Voici un autre paradoxe. Il arrive que parfois ce soit l'amoureux qui, prenant conscience de sa dépendance, brise la relation quand il admet que la dépendance et l'attente qui l'accompagne sont insupportables. C'est bien de soi qu'il faut attendre le bonheur, se dit-il alors. Ce fameux soi conçoit alors qu'il est en danger si son bien-être est soumis au bon vouloir d'autrui.

Ceux qui ne veulent pas vivre les frustrations et désespoirs amoureux essaieront de ne pas tomber dans le piège, se forçant à rester énigmatiques, lointains et détachés. Ils ne s'engageront pas ! Frileux, toujours prêts à fuir, disent les femmes de ces « inattrapables » ! Timorés ou sceptiques pour les uns, timides ou effarouchés pour les unes, mais terriblement eux-mêmes dans leurs convictions ? « L'amour, j'y crois pas, je ne veux pas tomber entre les pattes d'un (ou d'une) rapace. » Le souci surgit chez l'homme fortuné : et si c'était mon compte en banque qui l'intéressait plus que moi ? Et si je n'étais là que pour faire le ménage et repasser ses chemises ? s'interroge la bonne ménagère.

Nous supposons surtout que c'est là le mécanisme de défense préféré de ceux qui craignent de se faire manger crus et qui en ont conscience, car en fait n'est-ce pas l'entraide et la solidarité qui doivent être le ciment du couple ? Alors bien sûr qu'il faut accepter que l'Autre profite un peu de vos qualités !

Le risque, si on ne le prend pas, est de finir *seul ou seule*. À vous de décider quelle solution vous paraît la meilleure. L'une dépensera tous vos sous, mais quel plaisir de rentrer avec elle au restaurant et de constater que toutes les têtes admirent sa veste dernier cri.

Si effectivement aucune union ne vous paraît équilibrée, il reste des possibilités : squatter chez les amis, trouver des colocataires, rester chez maman... Ou bien se retirer du monde comme le faisaient ces amoureuses trahies ou délaissées d'une autre époque.

Au couvent ou au monastère, on trouve la paix en Jésus qui est un amour parfait, telle cette pauvre petite Cécile de Volanges des *Liaisons dangereuses* qui ne sortira de son lieu saint que le temps de trois galipettes et un scandale. Les terroristes et autres allumés, déplaçant le problème, trouveront une secte enveloppante, une cause à servir, amoureusement et passionnément. Hélas, parfois.

Raisonnablement

Terriblement eux-mêmes parce que seuls. En effet, la solitude est le prix à payer pour ne pas avoir à négocier avec l'Autre. Le moi triomphe, mais les soirées sont fort longues, disent les célibataires de gré ou de force.

C'est pour éviter cela que la plupart d'entre nous, bien éduqués, bien conformés, ravaleront leurs velléités de toute-puissance. Après la révolte adolescente et quelques avanies, ce moi poli, qui ne veut plus déranger, consentira à accepter le compromis, tremblant de ne pouvoir mériter mieux, ou terrorisé par la crainte du mal qu'il peut causer en se révoltant.

« Je connais bien toutes les objections qu'un jeune homme pur et de bonnes mœurs peut opposer à la revendication de son libre arbitre... Et justement le problème de Kenny, c'est qu'il lui faut être admirable en toutes circonstances, coûte que coûte... Salaud, égoïste, ce jugement l'atterre et le fait obtempérer[12]. » Philip Roth, qui sait parler d'amour crûment, attribue la faiblesse de Kenny à un trop de mère ! Le voici donc père sulfureux, poussant son fils à quitter son épouse pour sa maîtresse, sans y parvenir. « Il répond que personne n'y survivrait... Non, mieux vaut que tout le monde s'agrippe à tout le monde », conclut-il avec mépris.

Le moi de Kenny est donc aveugle à son vrai désir par excès de précaution.

Kenny et sa maîtresse continueront à rêver du grand amour toujours... en se sacrifiant. Trop de mère ou pas, il ne peut en être autrement à cause de ses principes et de sa morale. Où est l'erreur ? Qui sait où se niche le conformisme. En amont ou en aval de l'histoire ?

La fidélité à soi-même, poussée à l'extrême, conduit à un individualisme forcené, pensent les méchantes langues. Si nous étions raisonnables, ce

« connais-toi toi-même » devrait simplement permettre de prendre conscience de soi ! Parce que je sais ce que je suis, je sais ce que je veux et je suis à même d'accepter l'accommodement nécessaire, nous paraît le bon deal pour un soi-même harmonieux.

L'individualiste forcené, le tenant du moi d'abord veut tout avoir ou avoir toujours plus. Innocemment parfois. Je veux bien te suivre au bout du monde mais je veux garder mes prérogatives... même si celles-ci sont incompatibles avec le bout du monde. (L'histoire vous rappelle quelqu'un [13] ?) Je veux bien t'aimer, mais ne rien perdre de ma liberté qui doit être absolue, comme si tu n'existais pas, murmurent les couples qui font fausse route... Je veux vivre avec toi, mais je ne veux rien sacrifier. Ni les soirées entre copains, ni les possibles rencontres, ni ma vie professionnelle. Comme nous comprenons, mais combien cela est difficile à réaliser.

Certaines vont s'appuyer sur un féminisme vieillot et réclamer les mêmes « manières » que les hommes. Certes, elles ont la liberté de faire l'amour sans danger grâce au préservatif, sans enfant si elles n'en souhaitent pas, avec qui elles veulent et si elles veulent. Le danger, confient-elles, est de passer pour une femme légère et d'être mal jugée par nos amis les hommes qui ont souvent le verbe trop haut. Voilà bien un challenge à relever, sans oublier de mener les vraies bagarres : conquérir des postes, acquérir une autonomie financière... L'autre challenge étant bien sûr de trouver ce qui nous rassemble, même si l'on a compris que nous parlions, hommes et femmes, des langues différentes, ou plutôt à cause de cela.

Pour ceux qui ont le courage de remettre en cause ce qui n'est pas satisfaisant, recommencer à explorer va de soi. Encore faut-il faire une bonne analyse, avec une bonne grille de lecture et tirer les leçons de son histoire passée. Les sourds et les étourdis referont peut-être sans cesse les mêmes erreurs ! Explorer encore veut dire qu'il vaut mieux chercher une autre voie quand on a la certitude de se tromper. Évidemment, cette attitude, née d'une connaissance de soi implacable, aura un prix. Souvent énorme. Qu'il faudra bien payer ! Pour se rassurer, il faudra aussi se convaincre que toutes les expériences comptent. Seule la façon dont elles vont compter est propre à chacun de nous et les résiliences sont toujours possibles, quelle que soit l'ampleur du malheur. À tout moment Pierre, Paul ou Jeanne peuvent se confronter à leurs fantômes et leur tordre le cou pour une vie meilleure.

Pourtant, nous ne saurions terminer cette rubrique sans insister sur le vrai courage qu'il y a à trouver des accommodements sympathiques avec son compagnon de galère. Nous ne prêchons pas non plus pour le compromis à tout prix. Nous laissons César et Rosalie [14] se débrouiller à leur guise. Rosalie aime ailleurs, elle partira et la peine de César ne la retiendra pas ! Serait-elle restée autrefois quand le mariage était sacré ? Égoïsme, impatience, authenticité, vérité... les bonnes et les mauvaises choses de la vie jouent en maîtres. Avant, on restait en couple pour les enfants. Maintenant on se sépare pour que les enfants n'aient pas une mauvaise image du couple, et qu'ils aient surtout une bonne appréhension de la franchise, de l'honnêteté. Je quitte ton père parce que je veux être fidèle à mes sentiments et parce que je ne l'aime plus. « Tu n'as qu'à te forcer », a dit un jour le petit d'une de nos amies ! Un enfant comprend mal que le sentiment amoureux soit le seul déterminant. *« Le moi d'abord » embarque parfois ses enfants avec lui pour le meilleur et le pire.*

La typologie amoureuse

Tenter d'établir une typologie amoureuse ne ressemble pas à un travail de psychologue qui souhaite analyser les originalités de chacun et prétend qu'aucun cas n'est semblable à un autre. Mais ici exceptionnellement, il nous semble sensé de repérer ce qui est universel. Universel et durable, car repérable à toutes les époques.

Rencontrons-nous encore des Bovary éperdues, des Valmont goguenards ? Oui, trois fois oui. Plus que jamais Éros définit des caractères remarquables que l'on a même tendance à considérer comme étant des traits majeurs de la personnalité. Ainsi un pervers amoureux sera sûrement pervers en toutes circonstances. Cela pour dire à quel point notre rapport à l'amour rejoint notre rapport au quotidien. Rien d'anormal à cela quand on a souligné d'emblée où naissait l'idée de l'amour et où il prenait racines. Les caractères construits dans la petite cellule familiale, puis au sein des diverses structures sociales, s'éventent. Les diverses amours et amitiés se mêlent. Les jalousies fraternelles, le manque d'amour paternel ou maternel, comme nous l'avons déjà dit, flamberont intensément dans le duo amoureux. La plupart du temps on sait, ou on devine, ce qui a pu jouer dans l'affirmation de la personnalité amoureuse du héros. Emma Bovary s'ennuie près d'un Charles assommant parce que ses lectures passées lui laissaient croire en un autre avenir ! Comme s'ennuie notre midinette auprès de son Jules avachi devant sa bière et sa télé, alors que les séries télévisées lui permettaient d'espérer d'autres idéaux.

Clichés, direz-vous, en lecteurs exigeants ? Oui, mais regardez autour de vous. Les exigences de notre siècle sont impératives ! Tout est fait pour assurer qu'il faut partir en week-end, en vacances, rencontrer de nouvelles têtes, vibrer ! Bouger. Vivre des sensations fortes, faire des expériences inédites. Notre société raffole de l'extraordinaire, le raconte sur les pages de ses magazines. Comment se satisfaire alors du camping des flots bleus quand on a vibré pour *Koh-Lanta* et les muscles de ses héros ? Les modernes Bovary revisitent Gustave Flaubert et veulent encore « des sultans à longues pipes, pâmés sous des tonnelles aux bras de bayadères ». Gustave était bon poète, bon psychologue, « Ma pauvre Bovary souffre et pleure dans vingt villages de France, avait-il coutume de déclarer »... Il reste bon prophète.

Nous avons choisi cet exemple féminin, mais son pendant masculin existe bel et bien. Les hommes s'ennuient même plus rapidement que les femmes qui osent parfois cette phrase étonnante : « Quand j'ai un coup de blues, je fais le ménage ! » Eux n'ont pas ces tâches obligatoires et trompeuses pour les sauver. Certains essaient bien de jardiner et de bricoler. Qu'arrivera-t-il quand les peintures de la maison et les murs de clôtures seront achevés ? Penseront-ils comme Pénélope à démolir la nuit ce qu'ils ont bâti le jour ?

L'ennui n'est pas anodin, il cause subrepticement la mort du couple.

Plus dangereux encore sont ceux qui s'ennuient tellement qu'ils construisent des stratégies pathologiques pour se divertir. Tel le célèbre Valmont des *Liaisons dangereuses* que l'on retient ici pour l'exemple (encore qu'un bon lecteur préférera se pencher sur le cas de Madame de Merteuil). Valmont est « sous influence », nous laisse penser l'auteur[15]. Valmont est un jouet entre les mains de celle qui souhaite que personne n'ait le droit à redire de ses actions. Voilà qui a une furieuse allure contemporaine. Qui est la Merteuil ? Une mère toute-puissante qui laisse jouer son petit et le siffle quand il exagère, une mère maquerelle, une maîtresse sadomasochiste, une récompense promise mais toujours refusée ? Une femme qui a souffert, diront les plus magnanimes, une malheureuse bardée de mécanismes de défense tordus pour une jouissance qui ne vient jamais. En tout cas, ces deux-là, pris dans leur vertige, ne s'ennuient pas et vivent comme on joue à la roulette russe. Ils nourrissent leur relation de défis à relever, de ruisseaux à franchir. Si tu m'aimes, tu dois m'en donner la preuve ! Et quelle preuve : Troubler la petite ingénue, intriguer, rompre… La version moderne existe bien. On la trouve partout sous des formes multiples. Si tu m'aimes, tu dois cesser de voir ta famille qui me déteste, tes enfants qui me rejettent, arrêter de travailler, etc.

Il y a encore ceux qui ne s'engagent pas de peur de souffrir si on les quitte. Une cohorte bien présente en ce début de siècle. Ils font de beaux départs pleins de promesses. Ils aiment, ils sont prêts, ils s'attachent, puis réalisent que l'autre peut les quitter et créer du manque. Alors au revoir et merci.

Ils seront qualifiés de lâches ou d'inconstants. C'est ainsi.

Il y a aussi des collectionneurs butinants, qui ne s'arrêtent jamais de peur de mourir. Des nymphomanes énergiques, des libertins déclarés et avides, des toqués du sexe, des introvertis prudes, des transgressifs et des sages. *Be yourself*, commande ce siècle qui ne s'embarrasse plus de cadres rigides mais qui continue à porter des jugements tranchés. Encore un paradoxe facile à repérer. Soit un président qui clame son goût du libertinage à qui veut l'entendre, une première dame jalouse qui poursuit sa rivale de petites phrases assassines et doit s'excuser publiquement, un excité des pieds qui est traîné en justice. Soit des pages et des pages de journaux, s'occupant de qui fait quoi et avec qui, à grands renforts de tirages et de scandales.

Vertiges et turpitudes du sexe

On aime croire que les diverses révolutions des années qui viennent de s'écouler ont modifié les pratiques sexuelles et pourquoi pas les pratiques amoureuses.

Que 1968, avec ses naïves recommandations de jouissance sans entraves, ait modifié notre regard sur les mœurs, est un constat communément admis. Luc Ferry, dans *La Révolution de l'amour*, résume au mieux le changement de mentalité de ces dernières années : « Ce siècle d'innovation et d'érosion aura aussi libéré [...] des dimensions de l'existence que les siècles passés ne voyaient pas ou refusaient largement de prendre en compte, le sexe, l'irrationnel, le corps, l'inconscient, l'enfant qui vit encore dans l'adulte, certaines formes inédites ou inavouées d'affectivité et d'amour, la part de féminité des hommes ou de virilité des femmes [16]. »

En fait, ce qui émerge surtout depuis cette libération des mœurs est l'invasion du sexuel sous toutes ses formes. Certes pas toujours ouvertement car bien dissimulé sous des apparences trompeuses. La bourgeoisie du théâtre de Feydeau avait ses codes, enfermait ses amants dans les placards. Nous avons aussi nos placards et nos refoulements. Un de nos fils, talentueux informaticien, demanda un jour si sa mère savait quels étaient les sites du Net les plus fréquentés. Ladite mère répondit sous les rires apitoyés que c'était… peut-être la météo ? Pas loin et pas bête mère, mais, mais… la bonne réponse, c'est le sexe ! Évidemment qu'il fallait y penser, surtout que cette question suivait un débat de fond sur ces fameuses personnalités indisciplinées de cette frivole année 2011 ! Les chiffres sont là : quatre millions de sites web, des pages et des pages, vendent de la chair humaine jusqu'à la nausée. Combien d'hommes et de femmes les regardent ?

Sur le web donc, on trouve de tout ! Comment faisions-nous avant pour découvrir l'amour, c'est un mystère. Les plus futés l'apprenaient dans des maisons closes ou se gavaient de dessins érotiques. Les plus curieux glanaient leurs connaissances grâce à l'expérience *in situ*… Jamais les empotés. Supposons que désormais, tout ce monde regarde de la pellicule pour apprendre les multiples poses du *Kama-sutra*. Sur le Net, on achète donc des minutes d'excitation, du Viagra, on reluque des filles, des hommes parfois, des sites pornographiques, des sites de rencontres plus hards que le sage Meetic censé vous présenter le futur mari et non pousser à la gaudriole.

Les hommes surtout achètent du porno, les femmes sont plus timorées, certaines ne s'y laissent prendre que pour contenter les fantasmes de leur homme ou s'attrister des propositions imbéciles de ces dragueurs de fric qui mettent les filles en vitrine et en mouvement. Comment s'étonner devant ces étalages que perdure cette tendance masculine à « mater, à posséder, à soumettre » ? Les libertins heureux revendiquent leurs droits à papillonner en groupe ou ailleurs dans des partouzes chics ou des lieux sordides. L'individualiste nouvelle version invite au partage… du groupe pour son plus grand plaisir. Il se fera fouetter et lacérer quand il ne veut aucun interdit, et ira relire l'œuvre de Sade. Les plus honteux se rendront en douce dans des lieux de massages cachés, et les infidèles petits bourgeois tricheront à la petite semaine en courtisant leur collaboratrice, comme les amants de Feydeau.

Nous nous étonnons toujours que ces pratiques coexistent avec l'image magiquement éternelle du grand amour. Nous ne savons pas vraiment comment la représentation que nous en avons pousse ses pions et fait son lit avec celles-ci. Côté noir et côté blanc, Éros et Thanatos, putain et maman ! Nous supposons que toutes ces interprétations se mélangent dans nos fantasmes les plus secrets. Le rêve du prince charmant serait encore du domaine des filles et de leur naïveté, les garçons pragmatiques préférant la trivialité d'un porno ?

En fait, nous savons tous, dès l'âge de l'adolescence, que des pratiques sexuelles « bizarres » existent, mais elles intriguent plus qu'elles ne révoltent.

« La révolution du statut social de la femme s'est accompagnée non d'une baisse mais d'une très forte augmentation de la consommation massive de chair passive, soumise et coopérative [17]. » Ce sont des passades, des conduites de malades, brimés sexuels et autres détraqués, dit la voix du peuple. Des pulsions archaïques que les plus faibles ne répriment pas ! Des peurs insurmontables de l'enfance qui essaient de se guérir, des pulsions jalouses et agressives contre les femmes qui ont le privilège de mettre les enfants au monde, clament les psys. Valables pour le voisin, mais pas pour soi !

Nous entendons les censeurs déclarer leurs dégoûts, les cyniques constater que tout fout le camp et nous avec ! Il y a encore les prudes qui se drapent dans leur virginité et menacent d'un retour du bâton ou d'une punition divine devant tant de débauche et de débordements. Puis encore, ceux qui en ont assez de cette consommation de Gargantua et qui veulent déguster en esthète une nouvelle pratique de l'amour serein.

Nous ne nous attarderons pas sur les souffrances des obsédés du sexe qui peuvent être réelles, mais sur leurs proies maltraitées parce que depuis la nuit des temps les femmes doivent servir les hommes et leur donner du plaisir. Dans la construction de cette fameuse fidélité à soi-même tous ces facteurs vont avoir l'importance de nos enfantins jeux de Lego. Ils construisent notre regard sur la vie amoureuse. Que l'on soit un homme ou une femme. Nous avons abordé plus haut les dégâts que causent les viols, que dire encore de ces utilisateurs de films pornographiques qui confondent souvent sexe et pouvoir, qui se nourrissent d'images mentales où la femme est un objet à soumettre, mais qui rentrent le soir dans leur foyer comme si de rien n'était. Que ce sont des pratiques schizophrènes ? « Les hommes n'ont qu'à accepter avec gratitude les affolants spectacles qui leur sont parfois offerts... reconnaître aux femmes le droit d'être jolies, voire sexy, et apprendre à les regarder sans les agresser : ce sont des impératifs démocratiques [18]. » Effectivement, une nouvelle carte du Tendre serait parfois utile, mais peut-être l'économie et les marchés en seraient bouleversés, la valeur des actions L'Oréal chuterait et surtout... surtout tous les maquereaux seraient mis au chômage.

Il y a bien quelques jolies tentatives pour inverser le pouvoir du mâle depuis la création du site Adopteunmec.com. Ses deux créateurs, Florent Steiner et Manuel Conejo, ont bien compris que les filles pouvaient aussi aimer se distraire et jouer de leurs désirs en faisant le premier pas de drague. Le site est amusant et ce n'est certainement pas un hasard. Le bonhomme à adopter est poussé dans un chariot de supermarché ! Nous vous laissons apprécier l'ironie coquine de l'image. Les hommes interrogés ne sont, paraît-il, nullement choqués d'être ravalés au rang de marchandise. Tiens donc ! C'est qu'ils n'ont jamais été concernés par ce problème et n'en saisissent que l'humour... Nonobstant, ce site fonctionne très bien et s'enorgueillit de la naissance de 287 bébés en 2011. Ce qui veut dire que 594 célibataires se sont rencontrés, chariot de supermarché ou pas !

Plaisir, désir, jouissance sont devenus des revendications ordinaires. Désormais, on veut que le sexe soit du plaisir et, plutôt que son chat, chacun cherche son point G. Qui ne trouve pas est un frustré, une coincée. On est loin des amours conjugales de nos grands-mères qui gardaient leur chemise, éteignaient la lumière. Avec un peu de malice, nous dirons que nous apprécions que certaines de nos filles d'aujourd'hui ne parlent pas toujours la langue de bois et osent dire tout cru ce qu'elles pensent de leur partenaire, quand elles ne le jugent pas performant ou suffisamment dégourdi. « Eh bien non, c'était pas bien, parce que tu ne connais rien au corps des femmes, parce que tu baises pour toi... parce que tu ne sais pas faire. » La chérie actuelle a le verbe haut et ne craint pas de ratatiner l'orgueilleux. Les hommes savent maintenant que les femmes peuvent s'emmerder en baisant [19] et qu'il ne suffit pas d'en avoir une... pour les combler. Les plus romantiques tentent de comprendre les méandres de l'orgasme féminin et de se montrer bons compères... même si « c'est pas facile » !

Le problème est paraît-il dans le lâcher-prise. Nos inconscients seraient-ils dans un rapport de force permanent avec nos partenaires, ou bien encore entre un soi et un interdit ?

Ce qui est sûr, c'est que, pour s'épanouir, la sexualité a besoin d'un décor et d'une mise en scène. Selon bien sûr ses propres fantasmes. Ah, les femmes ont besoin qu'on leur parle (qu'on les baratine) pendant des heures avant de consommer. Oui, le goût du bon restaurant (et son coût !), les bougies qui rendent belles et les paroles que l'on boit ! Autrefois, c'était cela faire sa cour, on prenait son temps, on attendait l'heure, persuadés que l'attente était aussi un bon moment. Que ceux qui veulent s'en persuader aillent lire le magnifique livre d'Alice Ferney, *La Conversation amoureuse* [20].

Or les hommes sont généralement pressés de mener à bien leur affaire[21]. Pour le coup, l'entente cordiale est mal engagée s'il y a maldonne. Ne soyons pas trop pessimistes, ce handicap est surmontable car le propre de la sexualité est de prendre des chemins différents mais de ne pas se perdre ou de se perdre pour se retrouver. Qu'importe si nos fantasmes très liés à notre vécu sexué et culturel sont différents puisqu'ils sont faits pour être tus et irréalisables. Le dernier film de Kubrick, *Eyes Wide Shut*[22], en donne une très bonne illustration. Que s'y passe-t-il ? La découverte du fantasme d'Alice et le choc que cette possible infidélité déclarée procure à son naïf de mari. Cette révélation va entraîner celui-ci à la recherche de ses propres tourments lors... de situations fabuleuses. Ce qui importe pour nous, en dehors de cette vision onirique, est la conclusion que ces étrangetés inquiétantes imposent. Nous empruntons les mots de Freud : « *L'étrangement inquiétant serait quelque chose qui aurait dû rester dans l'ombre et qui en est sorti*[23]. » Étranges, nos fantasmes le sont, puisque c'est leur raison d'être, et incommunicables même, puisqu'ils ne peuvent être partagés par un autre sans le bouleverser. La solution est donnée par Alice lors des dernières images : « Baisons au lieu de prêcher ! »

Non, nous ne contredisons pas notre amour immodéré pour la parole authentique qui berce l'amour... mais il y a un temps pour tout ! Nous recommanderons même de garder secrètes certaines pensées. Qui a dit que les psys prêchaient la vérité à tout prix ? Si l'on préfère les ébats torrides et soudains, renversés sur le bureau ou dans l'ascenseur[24] à l'amour pépère, il faut faire et se taire, en se méfiant toutefois de ne pas tomber sur les détraqués du sexe. Un détraqué, dirons-nous plutôt, car cette maladie est surtout masculine. Différent du Don Juan qui joue une partition érotique, l'addict sexuel consomme sans faim, parce qu'il ne peut s'en empêcher. Il ne sent pas l'odeur de la femme, mais celle du sexe, sans nom ni visage, du porno, des clubs échangistes, des sites de rencontres [25]. La plupart du temps comme un drogué dans la honte et le désarroi, caché, souffrant, solitaire et imposteur, alors que Don Juan se montre fiérot et provocant.

Cette grande déferlante d'heureuse sexualité revendiquée et commentée pourrait laisser croire que nous sommes en général beaucoup plus à l'aise avec la pratique. Enseignée à l'école, protégée par l'évolution des mentalités, elle devrait pouvoir s'épanouir pour notre plus grand bonheur. On constate même que tout notre environnement se sensualise : les publicités voilent à peine quelques impudiques qui invitent au plaisir. Femmes lascives et hommes guettant leur futur Éros, invitent à goûter tous les sens possibles [26].

Hélas ! Tout cela nous leurre gentiment. De nos jours, la sexualité est à peine différente et pas tellement libérée pour autant, proclament les spécialistes sexologues et sociologues ! Les adolescents ont des rapports sexuels plus tôt, vers l'âge de quinze ans, filles et garçons confondus, mais ils s'empêtrent tout autant que la génération précédente. Que peut-on faire ? Que doit-on faire ? restent les questions angoissantes et souvent impossibles à poser.

Les soixante-huitards, très vieillis, ne parlent plus d'amour communautaire et se sont assagis par force. Les couples qui n'ont plus du tout de relation sexuelle sont, semble-t-il, légion. Et ce très vite. Les enfants, le travail, les cloisons des chambres si fines, le menu de la télévision empêchent l'élan amoureux. Puis il y a toujours celui qui veut et celui qui ne veut pas et invente des stratégies pour échapper à la corvée conjugale. Le mal de tête tient toujours la vedette avec sa copine, la fatigue, et sa cousine la télévision.

De fait, les consultations médicales, en dehors de cette panne de désir, révèlent toujours les mêmes bobos : impuissance et frigidité. C'est bien d'oser consulter reconnaissent les sexologues qui tentent de redonner de l'espoir à ces courageux qui avouent leurs difficultés sexuelles à une époque où l'on ne doit pas être défaillant ! Ils conseillent souvent de repenser aux débuts de sa vie sexuelle et de chasser interdits et autres traumas que l'éducation et les bonnes mœurs nous ont transmis. De remettre la tête dans le désir !

Les coachs sexuels font dans l'anatomie et dans l'exploration du corps. Le « connais ton corps » est leur credo, le plaisir s'apprend avec force exercices et petits objets. Pourquoi pas ? Nous sommes effectivement d'accord pour reconnaître que la sexualité se cultive. Un peu moins d'accord pour les exercices de style et leur côté « mécanique ». Sauf que dans le domaine du bien jouir, le mode d'emploi est aussi impossible à établir que celui du « connais-toi toi-même » son jumeau ! Deux handicaps pour notre sujet, c'est beaucoup. Chercher notre vérité dans nos nombreuses valises est un travail à temps plein, dont les plus lucides disent que nous ne « savons jamais rien ».

Ce « jamais rien » a tout de même de quoi questionner les amateurs d'intrigue policière, non ?

Pour terminer au mieux ce petit chapitre et donner quelques pistes de réflexion, voici en un bref résumé ce « moi » si mystérieux. Tout d'abord, n'oublions pas la part génétique, les yeux, la couleur de la peau… Naître joliment fait ou tordu n'est pas rien ! Malgré nos préceptes moraux, prétendument détachés de l'apparence, être disgracieux n'est pas une bonne entrée en matière en histoire de séduction. On sait bien la beauté des laids depuis Serge Gainsbourg… mais elle se voit sans délai, dit la même chanson. Notre siècle est sans pitié pour les vieux, les gros, les disgracieux. Le séducteur a un corps d'éphèbe, des muscles en béton, des mains d'ange ou alors beaucoup d'argent pour séduire la belle blonde canon aux mensurations parfaites. Ce « moi » va consacrer beaucoup de temps et d'argent à peaufiner son apparence. Et pas seulement chez les sans cervelle, comme le dit la rumeur ! Plus que jamais notre look compte et sert. Plus que jamais on s'astreint à l'améliorer. Séduire est devenu un devoir, y compris dans le monde du travail. Séduire est une plaie pour un moi intimidé et empêtré d'un corps ingrat. Or notre moi, qui a tendance à critiquer, est rarement satisfait de son enveloppe corporelle. Il faut du temps pour accepter des hanches larges, une absence de cou, ou des jambes en poteau !

Ensuite, ce beau corps et cette tête bien faite ont subi ou apprécié mille et un conseils et enseignements de son milieu. Là encore, la chance, le hasard vous font naître ici ou là, et ce n'est pas sans effet ! Mieux vaut que le « moi » grandisse dans une famille gaie et épanouie… Aïe ! Dans un pays en paix… Dans un milieu accueillant ! Si ces quelques conditions favorables sont réunies, il pourra alors envisager une liaison épanouissante avec un autre moi. Voici pour les lieux communs et la théorie.

Comme toujours, la réalité est infiniment plus complexe et plus passionnante. Parce que nous naissons dans des familles qui trimballent généralement des valises de problèmes et qui ne s'en portent pas nécessairement mal, parce que le milieu n'est pas aussi favorable que nous le souhaiterions, parce que nos caractères sont soumis à nos angoisses, à nos peurs, à nos impossibles et à nos contradictions d'humains. Parce que depuis toujours notre « moi » fait avec et le fait souvent bien.

Se connaît-il assez ce moi ? Probablement, puisque chacun de nous sait confusément à quoi il ressemble et sait quand il se ment… Et sait pourquoi il se ment, s'il veut le savoir ! Nous ne minimisons nullement la part inconsciente et sournoise qui nous joue des tours et nous mène dans des répétitions névrotiques. Pour débusquer ces névroses, nous sommes contraints de faire un gros ménage en permanence. De nous questionner et de réfléchir à ces hasards qui n'en sont pas ! C'est le prix à payer pour vivre mieux et s'autoriser à profiter de nos diverses histoires d'amour avec l'Autre.

L'Autre est autre par définition. Le « moi » va devoir faire des prouesses pour s'accommoder de son originalité. Quel plaisir alors que d'en apprécier la différence et d'oublier ou d'assumer tous les griefs que l'histoire a entassés, de faire taire les poncifs. Un « moi » d'homme, n'est pas un « moi » de femme. Le « moi » de Jean n'est pas celui de Pierre. Il est à soi et rien qu'à soi.

Se partage-t-il ? Point trop, même si dans cette époque bavarde, on échange, on converse et on philosophe à qui mieux mieux. Le problème pour ce drôle de bonhomme est de savoir jusqu'où la confidence peut le desservir, car il sait par expérience que dire est toujours un danger. Alors lui laisser dire de l'intime, de l'à-peu-près... du même pas sûr... est encore plus dangereux. De la même façon, l'amour se servira souvent de ses petits et gros mensonges pour fuir ou pour se maintenir. Ainsi on peut éviter toute sa vie de dire un *je t'aime* car il ne sera peut-être plus très vrai demain. C'est pour cela que de futés sociologues ont inventé la notion d'*ici et maintenant*. Nous ne vous conseillerons pas pour autant d'employer ce vocabulaire qui mettra (on vous le jure) votre partenaire dans l'embarras, et qui manque singulièrement de chic !

Ce moi n'est pas constant... Dans le sens où on entend le mot constance habituellement. Il va se construire et se transformer tout au long de notre chemin. Ce qui le rend passionnant, c'est qu'il n'est jamais semblable à ce qu'il était hier ou il y a seulement quelques minutes. Le temps le commande, l'exaspère, le polit. Les expériences l'enseignent, le troublent, le modèrent. Sauf pour quelques agrippés à leurs certitudes qui le cantonneront un beau jour et le fixeront maladivement. Rien de plus idiot que le triste *je persiste et signe* quand il ne dénote qu'un acharnement à rester dans son sillon parce que c'est ainsi.

Quant au fameux « nous n'en savons jamais rien » que nous avons employé pour qualifier notre moi sexuel, il ne nous déplaît guère ! La vie va... de découverte en découverte, le « moi » surnage fier et brave. Pourquoi devrait-il tout savoir quand tout ne va pas si mal ? Soudainement, vous êtes magnifiquement bien dans les bras de votre amant d'un soir ou de toujours, faut-il savoir pour quelles raisons ? Le bon sens commande d'en profiter... Demain sera toujours un autre jour, la mort est encore loin et l'inconscient se tait.

DEUXIÈME PARTIE

Les lois du contrat

« L'amour n'est malade de rien, il est tout entier ce qu'il doit être à chaque instant avec ses abîmes et ses splendeurs. »

Pascal BRUCKNER

CHAPITRE 3

L'engagement

Moi, me marier, jamais ! Ainsi parlait Félix notre compagnon de jeunesse. Pauvre Félix, pensions-nous alors ! Mauvaises langues déjà, et peu psys encore, nous lui inventions des frustrations et des traumatismes insupportables qui, bien entendu, étaient responsables de cette inconscience. Une mère trop belle et trop possessive, une éducation entre deux divorcés… Bref, Félix, si parfait, nous échappait, célibataire et malheureux. Célibataire oui, malheureux, c'est moins certain ! Il fut le témoin tendrement ému de tous nos mariages conventionnels, veillant à la tenue des plis de la robe de la mariée, plaisantant avec les belles-mères enturbannées et dirigeant la cohorte excitée des enfants d'honneur. Les années passèrent, on imaginait les conquêtes et les plaisirs de Félix, quand un beau jour, il demanda qui allait conduire la voiture de sa mariée.

Tandis que nous divorcions très consciencieusement, Félix convolait !

L'infidèle, le bourreau des cœurs, le flambeur liait son sort à une merveilleuse Anglaise venue acheter des arpents de vigne dans le voisinage. À l'opposé, nous entamions une vie de célibataires divorcés avec mômes et emmerdes, bannissant aujourd'hui ceux que nous avions adorés naguère.

Cette petite histoire vraie a le mérite de mettre en évidence nos différents chemins et l'originalité de nos choix. En effet, personne n'a obligé Pierre, Sophie ou Martine à se marier, nulle stratégie n'a convaincu Félix du bien-fondé du mariage, avant qu'il ne le décide. Seule une voix de basse que nous pourrions, puisque le mot redevient à la mode, appeler la morale ou la norme continuait à nous seriner deux petits refrains : ça se fait, ça se fait pas !

Ça se fait de s'unir, de construire une famille, de faire des enfants.

Ça ne se fait pas de tromper son compagnon ou sa compagne.

Ça ne se fait pas de divorcer, même si la loi le permet et si la pratique est grande.

Nous rappellerons que rester célibataire n'est pas très bien vu non plus et que la soumission à une passion ou l'addiction sexuelle et les pratiques compulsives sont rangées dans la catégorie des pathologies. Et pourtant, dans les faits, dans la vraie vie... on trompe, on ment, on se quitte, on se déchire, on s'accommode comme on peut. Au nom justement de cette fidélité à soi-même qui n'est en fait que la recherche très personnelle de notre bonheur et de notre épanouissement.

« Oui, je le veux » : photographie du mariage au XXIe siècle

Monsieur le maire se gratte le menton :
« Oh vous savez, on en voit de toutes !

– De toutes les couleurs ou de toutes les façons, monsieur le maire ?

– Vous ne croyez pas si bien dire puisque maintenant vous allez voir parfois (et nous en sommes très heureuses) deux robes blanches ou deux queues-de-pie !

– Ils sont jeunes ou vieux nos mariés du XXIe siècle ?

– Moyens ! Surtout avec leurs petits... entre trente et quarante ans... mais la robe blanche, style meringue, est toujours là ! »

Monsieur le maire voit juste. Les statistiques proclament que la moyenne d'âge est de trente-six ans pour les hommes et de trente-trois pour les femmes. Les mariés sont matures.

Bien, on peut observer qu'il y a du changement dans l'engagement. La robe rose Empire de la frêle jeune fille de dix-huit ans ne cache plus le petit ventre rebondi des trois mois de grossesse honteuse. Désormais le petit, habillé en petit page, marche devant ! La robe meringue, comme la dépeint monsieur le maire, est toujours à la mode même si, radotent les vieilles langues, elle n'a plus de sens. Certes, si elle ne témoigne plus de la virginité de la future épousée, nous conclurons gentiment qu'elle fera de jolies photos et qu'elle permettra aux couturiers de montrer leurs talents.

« J'en ai même vu (des enfants) suffisamment vieux qui sont témoins du mariage de leurs parents et pas seulement lors d'une famille recomposée quand il y a des grands enfants d'un premier lit », conclut le bourgmestre, bon enfant.

Cette année, 230 000 mariages et 460 000 « oui, je le veux » échangés devant un public ému. C'est peu, comparé aux chiffres du passé, mais le mariage actuel conserve quelques attraits. On se retrouve, familles et amis rassemblés, on fait la fête. Parfois, l'alcool et l'émotion aidant, on y règle quelques vieux problèmes en se tapant dessus. C'est que pour tous, assister à un mariage est une épreuve de vérité ! Un quasi-psychodrame personnel ! Un plongeon dans le passé. Qu'ai-je fait de notre mariage, se demande chacun secrètement sous les pluies de pétales de roses ?

« Je n'aime pas ce que nous sommes devenus », proclame avant de se sauver à jamais une invitée du film de Denys Granier-Deferre, *Pièce montée* [1]. L'analyse est féroce ! Féroce, mais tellement vraisemblable. On y voit encore les amoureux qui se sont perdus se rejoindre et renouveler leurs vœux, les déçus prendre conscience de leur désarroi, et notre chère Julie Depardieu, mal dans sa peau, trouver sa voie jusqu'ici refoulée… en un baiser fougueux qui signera aux yeux de tous son homosexualité !

Ainsi notre vieux Félix qui ne fait pas de cinéma, oublieux des cent quatre-vingt mille divorces et de tous ceux de ses proches copains, avancera radieux vers l'avenir. Parce qu'il aime et qu'il croit en cet amour. Qu'il veut croire qu'il durera et qu'il s'y engage devant les hommes, si ce n'est devant Dieu.

Voilà que, désormais, le mariage est d'amour ! C'est là une des grandes innovations du siècle dernier qui est à l'origine de l'accroissement des divorces. Quand l'amour, dont tout le monde s'accorde à penser qu'il est indispensable peut s'éteindre, n'est plus, il faut bien en finir. Pour en chercher un autre ailleurs. L'amour devient ainsi la valeur première de nos sociétés : rien ne lui est supérieur. Sa quête est notre quête, les dieux ne font plus recette, les vieilles antiennes que sont la liberté ou la révolution n'ont plus cours.

Nous sommes contents de constater que nous ne sommes plus disposés à mourir pour Paris ou Berlin et que notre Autre devient sacré. Sauf que l'on peut rétorquer prosaïquement qu'il y a toujours des fous qui meurent pour leur Dieu et que cette révolution amoureuse du mariage-passion, et de son contraire le divorce, a seulement le mérite de nous permettre de nous séparer en toute bonne foi. Quand l'union est devenue un enfer. « Je ne l'aime plus, j'ai le droit (ou le devoir) de partir » est devenu une raison acceptable.

Nous ne sommes d'ailleurs pas sûres que de nos jours l'amour soit l'élément majeur et exclusif de l'engagement. En revanche, nous sommes d'accord pour dire que c'est la fin de la *supposée* passion qui va justifier le divorce. Vous êtes en droit de relever notre contradiction. S'il n'y a pas de passion... il ne peut y avoir rupture à la fin de la passion ?

Nous ne disons pas non plus que l'amour est absent ou n'existe pas chez le joli couple qui sourit sur le parvis. Nous préférons même penser que cette illusion, si illusion il y a, est bonne à prendre et qu'elle peut se passer de philosophie et de grands questionnements.

Cependant, nous constatons que nous ne sommes pas si profondément romantiques. Certes, nous aspirons tous à conserver dans nos mémoires ces moments magiques où l'amour est roi, mais est-ce la vraie motivation de ces « vieux couples » déjà aguerris qui vont dire oui devant monsieur le maire cette année ?

La passion des premiers jours de la découverte, la plupart l'ont vécue (ou tout au moins on le souhaite), avant cet engagement officiel. Certains l'ont même prolongée en de longues fiançailles, en toute conscience. « On en profite, on en a bien profité »... Sous-entendu de cette grande liberté à deux, sans contrainte et parfois sans soucis ! Puis, un jour de printemps, est venue la grande idée : et si nous faisions un enfant ? Voilà pourquoi certains sur le parvis de la mairie oseront dire : « On régularise ! » Pour les enfants, pour le fisc, pour la protection de la petite famille. Nous voilà revenus au temps du mariage de raison de nos grands-mères ? Que dire du Pacs qui se passe de robe blanche et de pétales de roses, la plupart du temps ? Qu'il est adapté à nos nouvelles pratiques. Il protège l'économie et la sécurité matérielle du foyer. Il ne dit rien de l'amour, il peut même être conclu entre partenaires, sans réel projet de vie commune.

Le projet de vie se bâtit souvent avant l'engagement officiel. Les années 1950 et le regard nouveau sur l'éducation de l'enfant ont eu un grand impact sur les mentalités actuelles. Désormais, un couple amoureux doit aussi être un couple parental irréprochable. Ce statut donné à l'enfant rapproche les conjoints autour d'une tâche à accomplir et d'une aventure à mener à bien. Un lien précieux s'établit à éduquer ensemble ses petits. Si ce n'est de l'amour, c'est du partage et de l'échange. D'où la nécessité de trouver le bon conjoint mais aussi le bon père ou la bonne mère pour ses enfants. Cette idée du bon choix de la mère ou du père prend force et effet aujourd'hui. On peut se séparer d'un vilain mari mais choisir un mauvais père pour ses enfants est une faute, nous disait une jeune amie. Un père, une mère s'inscrivent dans la durée. Un mari, une épouse s'inscrivent dans le provisoire. Cette façon de penser signe bien une évolution considérable de la mentalité amoureuse. D'un côté les enfants et un bon parent, de l'autre l'amour qui vit, passe et meurt. Les fils et filles du divorce ont compris cette possible partition (que nous leur avons rabâchée quand ils étaient petits) et l'appliquent. On entend désormais que l'on peut choisir d'épouser un homme parce qu'il sera un bon père ou une femme parce qu'elle sera une bonne mère ! (On nous objectera qu'il y a de bons pères qui sont aussi des maris passionnés. Tant mieux si on peut tout avoir dans le même flacon.)

Drôle de contradiction avec ce que l'on attend de la folie de l'amour passion à l'adolescence, dites-vous ? Oui, mais les amoureux ont déjà vieilli et les temps sont rudes. Les amoureux comptent... les comptes en banque, bien aidés en cela par les généreux conseils de leur entourage ! S'embarquer sans un sou avec l'amour pour seul viatique ne fait plus recette. Pratiques et pragmatiques, tels nous semblent être les mariés actuels ! Ils compteront les sous mais aussi les preuves de l'attachement. L'amour au XXIe siècle se cultive !

Le temps est aux amours exigeantes, heureusement les couples sont souvent pugnaces. Qu'il y ait ou pas signature au bas d'un acte d'officier ministériel portant engagement juridique, il y a espoir de mener l'affaire le plus loin possible. Cette génération a vu ses parents se séparer, connaît les tristes statistiques mais veut croire que l'on peut être heureux en couple avec la même personne pendant toute une vie. Et de tout faire pour que ce rêve pieux des amours éternelles de contes de fées de notre enfance se réalise ! Au moins une fois, pour moi. « Mes parents ont divorcé, j'en ai bavé toute mon enfance, jamais je ne ferai la même chose ! » Merveilleux et naïf engagement.

On sait pourtant le challenge difficile, on sait que le contrat est tacitement reconductible, mais qu'il peut se rompre. On est conscient que la rupture est une épreuve. Même si la procédure s'est bougrement simplifiée, elle demande encore juge et avocats. On sait qu'elle appauvrit, qu'elle trouble les enfants, qu'elle est encore vécue comme un échec. Alors certains supporteront le pire pour ne pas en arriver là. Comme nos grands-parents encore une fois ?

Nous voilà dans le cœur même de notre sujet.

– Vais-je me satisfaire de ma vie ?
– Vais-je me sacrifier ?
– Où « moi d'abord » va-t-il se loger ?

Suis-je bien où je suis ?

Un couple, c'est un pacte implicite. On se soutiendra dans les difficultés et on se relaiera quand l'un des deux sera fatigué ou en peine. « *C'est ainsi qu'ils s'étaient patinés l'un à l'autre.* » Pour Georges Memmi, un couple est une chère habitude *qui va* à l'encontre de l'idée répandue selon laquelle il y aurait usure, lassitude et que ces dernières tueraient le couple. Vivre en couple, c'est accepter tous les travers insupportables de l'autre. Et Dieu sait s'il y en a ! Tous les thérapeutes en témoignent. Du petit au grand grief, rien n'échappe à notre œil acéré. Ou plutôt à notre œil… quand il veut voir, car certaines vues se font volontairement basses pour la paix de l'esprit. Ainsi, il n'est pas rare d'imaginer que l'épouse bafouée n'ait rien vu alors que tout le monde voyait ! De guerre lasse, il n'est pas anormal non plus de se résigner à fermer derrière lui tous les placards que votre compagnon s'obstine à laisser ouverts malgré vos remarques renouvelées ! Il est évident que vous devrez regarder les matchs de la coupe de France, même si votre feuilleton chéri est programmé en même temps... Que belle-maman n'a aucun défaut. Vous avez compris, lecteur assidu, qu'il est grandement question de tolérance et de respect pour les travers de l'Autre !

Qu'êtes-vous capable de tolérer, en fonction de votre histoire et de votre rapport à la frustration, est une bonne question. Si vous êtes encore convaincue que votre compagnon vous doit tout, doit vous louer pour tout, vous récompenser, si vous n'êtes pas parvenue à construire ce moi libre et indépendant dont nous parlions dans la première partie de notre opus, il y a de fortes chances que le couple tangue et se noie dans les revendications.

« Il oublie tout, il n'a jamais une seule attention pour moi, il est égoïste et ne s'occupe de rien. » Attention danger : la liste va s'allonger et peu à peu tout envahir. Nous connaissons tous ce genre de couple perpétuellement en crise qui ose, même devant des tiers, dérouler son ressentiment ? Et nous les filles ! N'avons-nous pas l'habitude de railler nos compagnons quand nous nous retrouvons entre nous ? Au fait messieurs, faites-vous de même ?

En revanche, certains ont de ces tendresses qui font pâlir de jalousie ou d'envie ceux qui ne connaissent pas ça... Ils ont compris qu'il y a loin entre l'amour dont on nous rebat les oreilles et l'amour tel qu'il se pratique. Que trop de questions le fragilisent. De notre côté, nous conseillons souvent de *vivre* au lieu de ruminer sur les élucubrations et les suppositions de la qualité de l'amour du partenaire. « Est-ce que tu m'aimes ? » est une question piège... Pour y répondre, il faut déjà s'accorder sur la définition même de l'amour, non ? Certains partenaires ont la recette et les pare-feux nécessaires. La politesse, le respect, l'admiration de la personne choisie sont leurs premiers ingrédients. Une exigence pour eux et pour les autres. Ils ont appris que l'Autre baladait son histoire et avait bâti son propre système de valeurs. Que l'indépendance et l'autonomie étaient les meilleurs ciments du duo. Que si l'humour et l'envie de réussir leur couple primaient, les deux fidèles à eux-mêmes avaient toutes les chances de s'entendre. À condition encore de supporter les mille confrontations d'idées auxquelles un couple sain doit se soumettre.

Un couple amoureux doit se chamailler un minimum. Et régulièrement ! Pour ne pas laisser l'ennui se glisser et les non-dits... non dits. Un couple heureux a des projets, des idées, prend de grandes bouffées d'air pur, aime les bêtises et le chocolat, n'est jamais d'accord sur la couleur du canapé et l'agencement de la salle de bains.

Mieux avec ou sans toi ?

Pour les jamais-contents, la liste des griefs peut être fatale les jours de grand vent. L'idée du gagnant-gagnant n'est pas qu'une manie d'économiste. Nous avons même, en amour comme à la Bourse, l'idée du retour sur investissement. J'ai misé sur ce couple, j'ai dépensé beaucoup d'énergie, il faut donc que je m'y retrouve. Hélas ! on l'a déjà dit, nous sommes tous un peu comptables ! En sentiments et en espèces sonnantes. Souvenez-vous du paragraphe « *et moi et moi...* »

« Je m'occupe des enfants et en échange tu dois... » Rajoutez ce que vous voulez. Selon votre tempérament, ce sera les vacances aux Bermudes, ou quelques merveilleux cadeaux. Beaucoup de femmes encore cessent de travailler ou travaillent à mi-temps pour le confort du foyer et l'accompagnement des enfants. Ce renoncement à une vie professionnelle gratifiante justifie l'attente d'une compensation. Financière, mais pas seulement. Quand l'amour ou la loyauté se sont invités au mariage, le retour doit se faire aussi en termes de récompense, de fidélité. Bref de félicité conjugale.

Si tu m'aimes, si tu dis m'aimer, je veux bien me consacrer à faciliter ta carrière mais je veux en recueillir les bénéfices. Gare si tu tombes en cours de route, si tu as des défaillances ou si tu me trompes... Si tu ne tiens pas les promesses du valeureux et entreprenant jeune homme que j'ai connu... si le prince devient crapaud, s'il est malade ou dépressif, s'il a perdu son emploi... Alors, j'ai misé sur un mauvais cheval et j'en suis très déçue...

Ou encore : « La princesse que j'ai épousée à vingt ans pour sa beauté a pris des kilos et ne me séduit plus », pense l'amoureux maintenant déçu. Je me sens alors floué par des promesses non tenues. « J'ai tout sacrifié pour lui mon boulot, mes loisirs, je l'ai aidé(e) à gravir les marches de l'entreprise et voilà qu'il (elle) me quitte pour une vulgaire secrétaire ou pour un moins que rien. » L'aigreur et la révolte ne sont pas loin. Surtout si s'y mêle l'injustice. En effet, il est injuste que les profits et les récompenses soient mal répartis. « Il est tout le temps dehors, fait des rencontres intéressantes, vit des moments excitants… le dimanche quand il rentre, j'ai droit au bonhomme en jogging fatigué sur le canapé du salon ! » ou encore « Madame râle en permanence, a des exigences difficiles à contenter, est toujours fourrée chez sa mère, ou avec sa meilleure amie… » Seuls les thérapeutes savent à quel point le petit détail, le grain de sable peuvent déclencher l'énervement et l'amertume.

Et l'amour dans tout ça. Évaporé, le bougre ?

C'est à ce moment-là que nos réactions vont différer de celles des générations passées.

Il y a des lustres, devant une telle désillusion, plusieurs pansements s'envisageaient. Nos grands-pères entretenaient des cocottes. Nos grands-mères entretenaient les Petites Sœurs des Pauvres, se lançaient dans les broderies au petit point, ou devenaient neurasthéniques. (Nous espérons au passage que certaines, plus habiles, conservaient suffisamment d'insolence pour s'octroyer quelques passades avec leur confesseur !) Divorcer était interdit.

Pour l'heure, ce n'est plus le cas ! Mon choix devant ma déception s'élargit et me plonge dans des abîmes de réflexion. Le libre arbitre est souvent source de mal-être, même s'il est indispensable.

– *Je te quitte* est la solution extrême qui répond exactement à mes sentiments. Je ne peux continuer à vivre avec un être décevant. Pour être fidèle à moi-même, je me dois de vivre en harmonie avec mes aspirations et ne pas rester auprès de toi par lâcheté et par faiblesse. Je ne veux pas gâcher mon unique vie et je veux retrouver toutes les sensations du passé quand l'amour était là, mes désirs comblés, mes espoirs intacts. Je risque tout. Y compris de perdre beaucoup et de recommencer une histoire aussi décevante ?

Pourquoi pas, si j'ai suffisamment confiance en moi et si je suis autonome et indépendant. Autonome veut dire que l'on peut payer son loyer, que l'on n'a pas peur de dormir seule dans son nouvel appartement, que l'on ne reviendra pas chez papa et maman parce qu'on ne peut pas payer le tiers provisionnel. Nous nous amusons avec ces exemples drôles, mais *autonomie* est un mot sévère qui ne supporte pas la légèreté. Il veut dire que vous pouvez tenir tout seul sans béquille. Et bien droit. L'Autre devant être vécu comme un cadeau mais jamais comme une nécessité.

– *Je peux aussi m'autoriser quelques coups de canif dans le contrat.* Ils agrémenteront mon quotidien et me feront oublier ma déception. On n'est pas si loin de grand-père ? Sauf que grand-père n'envisageait pas autre chose que des cinq à sept chez sa chérie, et que celle-ci n'imaginait pas non plus autre chose ! Aujourd'hui peu de chéries supporteront de jouer les *backstreets* à vie, et très vite votre petite histoire sans importance risque de prendre beaucoup de place ! Point d'amour là-dedans, nous direz-vous ? Les hommes nous disent souvent que ce n'est qu'une affaire de c..., comme grand-père ! Les femmes sont plus nuancées. Mais gare, la maîtresse ou l'amant ont du charme à revendre. Ils sont nouveaux et leurs yeux brillent. Contrairement aux cocottes d'autrefois, ils ont envie de se faire entendre et ont des idées. Parfois des projets.

– *Je peux encore ravaler ma déception* et, au nom d'un sage principe de réalité, me contenter de ce couple apparemment peu attrayant pour de très bonnes raisons. J'ai promis un jour de rester fidèle et je tiendrai parole sans faillir parce que rester fidèle à moi-même, c'est aussi rester fidèle à la parole donnée.

Parce que je ne veux pas faire le malheur de l'autre ou celui de ma famille. Parce que j'ai la flemme de changer la donne, parce que je suis cynique et désespéré(e) et que je sais mieux que personne qu'ailleurs n'est pas forcément mieux ! Tel le Terry déjà rencontré dans notre premier chapitre.

La flamme et la flemme

Ailleurs n'est pas mieux ! On pourrait considérer que l'adage est sage. On peut aussi le penser dépressif. Je ne suis ni bien ni mal dans ce couple, je m'en contente. Cette fidélité ne dit pas si elle est raison ou paresse. Gageons qu'elle est volontaire et simplement très raisonnable. « L'infidélité a un coût élevé, nous confiait un fidèle tenté. Si je me fais prendre, c'est la pension alimentaire assurée et les emmerdes qui vont avec. » Pour les emmerdes… C'est vrai. Nous confirmons en avoir souvent entendu. Des drôles car il y a toujours quelque chose de Feydeau dans la découverte du méfait ! Des moins drôles aussi car se faire prendre est une éventualité désagréable qui va mettre à mal votre image. Bien entendu, votre personnalité va être scrutée, analysée, disséquée et le renvoi que l'on vous en fera peut vous déstabiliser grandement. Le tribunal social est sévère et les jurés aussi. Vous devrez répondre à ses questions, vous serez même obligé de faire le point sur votre loyauté, sur votre comportement, sur vos manques et vos défauts ! Mais peut-être est-ce la bonne occasion pour vous questionner intimement sur ce que vous souhaitez vraiment être ou faire. Une occasion de faire le point.

On a beau être de la race des fidèles, il se peut qu'une rencontre fortuite vous déroute. Un coup de foudre surgit comme l'orage. La plupart d'entre nous parlent alors de fatalité, de signe du destin, comme si le malin Éros les avait soudainement privés de conscience. Faut-il croire à cette formule après autant de lignes sur notre libre arbitre ? C'est la rencontre imprévisible, nous dit-on, celle que l'on n'attendait pas, celle qui nous tombe dessus alors qu'on était dans le ronron heureux de la vie quotidienne ? Un coup de foudre. Pas si sûr qu'inconsciemment… on ne le souhaitait pas, qu'il n'y ait pas eu comme une petite faille, suffisante pour que l'énorme Éros s'y glisse.

Dans le film *Je l'aimais*, tiré du roman éponyme d'Anna Gavalda, le héros explique qu'avant cette rencontre : « Je ne savais pas ce qu'était qu'aimer, j'ai toujours été vieux. » Il découvre la folle sexualité, le manque, l'exaltation ! Il y renoncera pourtant dans la douleur. « J'ai laissé partir mon amour et j'ai abîmé ma femme. » Trois malheureux d'un coup ! Mais quand on renonce à vivre ce nouvel amour, est-on fidèle à soi-même, ou bien est-ce là *se trahir* ?

La réponse à cette question ne coule pas de source. Les irréductibles de la congruence et de la transparence diront oui, quand on rencontre un nouvel amour on doit le suivre. Essayez de lancer le débat lors d'un dîner presque parfait un soir d'été sur une terrasse dominant la mer rafraîchie par une brise… marine, et vous verrez si ça ne va pas chauffer ! Les partisans du oui sont en général les femmes qui détestent le mensonge (hum, on est loin de saint Augustin). Certains hypocrites ou timides s'abstiennent et demandent un joker, repassant avec application leur serviette du plat de la main… Du vécu ! Les plus osés affirmeront même qu'être infidèle n'est pas trahir, c'est prendre des chemins de traverse (de travers, diront leurs opposants) pour mieux demeurer avec l'autre, pour mieux rester avec son partenaire et donc lui rester fidèle en respectant son engagement. Ce qui est traître, c'est de quitter, non de tromper. « On ne quitte pas l'épouse », nous disait un homme âgé qui a attendu que sa femme meure pour vivre avec sa maîtresse de trente ans. Belle fidélité à soi-même en amour ! Bel arrangement avec sa conscience. On ne sait si l'épouse était consentante…

Partir quand un autre amour s'impose et semble si fort qu'il menace l'existant, ou rester parce qu'on veut tenir ses promesses est bien sûr le plus grand des dilemmes. Nous savons qu'il est source de longues nuits sans sommeil. Au moment du choix, tout est possible. Ce qui est à la fois rassurant et angoissant.

Quand l'ailleurs aide à rester

Discrètement, l'infidèle va essayer de vivre en douce ce que le quotidien avec son partenaire ne lui donne pas ou ne lui donne plus. Ainsi, il ou elle va pouvoir rester, supporter une absence de désir pour celui ou celle qui partage son lit, son colitier ou sa colitière, tout en restant fidèle à son engagement en un attachement… détaché ! Ce sont ces petits accommodements dont on peut bien s'accommoder tant qu'on maîtrise la situation, tant qu'Éros se fait léger… tant qu'on ne tombe pas amoureux de cet ailleurs. Pour résumer, tant qu'on ne perd pas la tête. « Moi, voyez-vous, je suis un routier (ou une routière). J'ai quelques kilomètres au compteur. Je pratique une dichotomie entre les joies du sexe et mes valeurs. Je place la valeur couple au-dessus de la fidélité sexuelle. Dès lors, je ne confonds pas, mais je m'autorise. Je pratique une gymnastique du cœur. Je me donne et je me reprends. »

Pour cela, il faut que « je » se cache. Et c'est là que ça se corse, car « je » risque en permanence de se fourrer dans des situations bien délicates. Il se peut aussi que « je » aime ces situations délicates. Comme si jouer avec le danger excitait la libido. Ou que « je » souhaite être découvert. Ben oui, pour toutes sortes de bonnes raisons on peut désirer se faire piéger. La première bonne raison est que la découverte de votre infidélité fait cesser le mensonge. Ouf ! entendons-nous, je n'en pouvais plus de mentir sans cesse. On peut aussi se servir de l'accident pour enfin parler en couple de ce qui n'allait plus et qui expliquerait la rupture du contrat. Quel jeu joue l'inconscient dans ces comportements à haute tension ? Pourquoi laisser traîner les notes d'hôtel dans ses poches, pourquoi ne pas effacer les messages amoureux sur son téléphone quand on veut rester dans le secret ? Le téléphone avec ses multiples fonctions est devenu un piège redoutable et très surveillé. Gardez-vous de conserver la voix de l'amant(e) « pour la réécouter dans des moments de blues ». Ou alors cet acte manqué méritera réflexion ! N'évitez pas votre vérité : vous préférez vous faire prendre que de renoncer à un instant d'émotion ? À vous de juger.

Il arrive aussi que je ne puisse plus faire autrement que de tromper, parce que je suis devenu, à mon corps défendant, un de ces boulimiques de l'amour ou un de ces « accros » à l'ocytocine et à la dopamine. Un consommateur compulsif.

Qui niera que ce que l'on nomme avec justesse les vertiges de l'amour ne sont pas divins ! Les vertiges du début surtout, car pour les vestiges, il suffira d'attendre un peu…

C'est tellement bon le premier jour ! Les gros porteurs de testostérone ne sont pas responsables, paraît-il. On sait depuis les travaux des neurologues que si notre cœur s'accélère et tambourine dans notre poitrine, c'est aussi une affaire d'hormones. Lors des premiers instants de la rencontre, le corps (instrument de l'esprit ?) est en proie à une véritable tempête hormonale. Michel Reynaud, psychiatre et spécialiste de l'addictologie, a d'ailleurs intitulé un de ses ouvrages : *L'amour est une drogue douce… en général* [2]. Le neurobiologiste Jean-Didier Vincent dissèque fort bien ces mécanismes dans une célèbre *Biologie des passions* [3]. On vous conseille de le pratiquer (le livre).

Dès lors, qu'y pouvons-nous, disent les plus naïfs… Ceux qui ne veulent pas savoir ce qui déclenche le processus ! Est-ce le cerveau et sa chimie ou les yeux de la tentation ? Après ce charivari ravageur, comment ne pas y prendre goût et même verser dans l'addiction. Fatalité hormonale, qu'y puis-je ? Heureusement, Jean-Didier Vincent signifie bien que le désir est dans la tête et non dans les glandes génitales. « Il s'agit de reconnaître seulement que la source du désir de Roméo pour Juliette est plus proche de son bonnet que de sa culotte. » Effectivement, ce n'est qu'une fois le cerveau parti pour aimer que va s'accélérer la production des hormones sexuelles. Quant aux moments de plaisir qui accompagnent la copulation, l'orage neurovégétatif qui emporte l'amant dans « son transport amoureux n'est qu'un embrasement paroxystique des structures nerveuses communes, explosion telle qu'elle va quelquefois jusqu'à suspendre un instant la conscience ». Nous aimons moins l'interprétation qu'il donne de l'orgasme féminin : « Un semblant de crise d'épilepsie réflexe »... Oui, mais nous imaginons que cette définition convient surtout à la femelle du rat et que les femmes, elles, continuent à user de leurs parfums célestes pour attirer le mâle.

« J'ai tout, nous disait cet homme. Il me semble que j'ai tout eu, tout connu, tout fait. Je suis comme un tamis au travers duquel tout passe, qui ne retient plus rien. Plus rien ne me fait vibrer. Alors quand je croise une libellule qui me met la tête sens dessus dessous, je m'estime heureux, je revis ! » Pas question pour l'homme à la tête sens dessus dessous de ne pas la garder sur les épaules, et d'oublier de rentrer à la maison. « Je te quitte mon épouse chérie » n'est pas de mise. C'est de l'état amoureux dont ces boulimiques tombent amoureux et non de la libellule. Dès lors, ils vont chercher à revivre le shoot qui va leur redonner de l'énergie, des ailes aux talons, qui va faire que certains seront plus performants, même au travail. Les hommes se rassurent sur leur virilité, l'état de fonctionnement de leurs attributs. Changement de prairie ravigote les étalons... Les femmes vérifient que le sourire, le jeu de jambes font toujours leurs effets.

Parfois, la quête est pathétique. Rechercher une conquête plus jeune pour se donner l'illusion de ne pas vieillir... ça ne vous rappelle personne ? Bien sûr que les hommes sont fiers de montrer leur jeune conquête. Comment peut-il en être autrement puisque cette jeune histoire nie la dimension temps et permet de recommencer comme si le temps n'avait pas de prise ! Il n'est pas sûr d'ailleurs que cette liaison dont on se moque tant soit pathologique. Elle est seulement hors norme, hors génération comme l'est la liaison de Dame Cougar. Nous ne manquerons pas de souligner que là aussi nous renouons avec des pratiques passées. Molière a raillé les vieux barbons qui voulaient épouser les jeunes Agnès, mais dans la pratique les mariages de ce type étaient très fréquents. Les femmes étaient indispensables à la bonne marche de l'économie domestique, leur disparition amenait une plus jeune dans le foyer. Longtemps d'ailleurs on a considéré qu'un bon mari devait être plus âgé que son épouse. Il avait alors de l'expérience et de la sagesse. Il se rangeait. Il se casait, il initiait, il dressait la jeunette.

Il faut reconnaître qu'il n'est pas non plus utile de s'effrayer des dégâts de ces tempêtes parce qu'elles ne sont souvent que des feux de paille. Rappelons cette phrase de Lou-Andréas Salomé, l'amour est « une passion élémentaire qu'on ne peut davantage prolonger qu'une tempête, une fois qu'il est apaisé ». La sagesse est alors d'attendre que l'émotion se calme ou si l'on veut replonger dans la tempête et retrouver cette sensation d'excitation, il n'y a pas d'autre solution que de rompre la rencontre qui devient à risque et trouver un nouvel objet d'engouement qui fera oublier le précédent. Et ainsi de suite… Don Juan pratiquait ainsi : Anna, Zerlinette, et mille et trois.

Si la plupart des hommes se gardent de révéler leurs petits accommodements « par politesse », nous ne sommes pas sûres que leurs femmes partagent cet avis. Ainsi Sylvie, qui a tant attendu que son grand amour cesse de batifoler, garde en elle colère et amertume.

« Quel égoïste ! dit-elle. Il m'a laissée sur le bord de la route exsangue. Quand il a du vague à l'âme, il se manifeste sans se soucier du mal qu'il me fait en ranimant des souvenirs que j'essaie d'oublier. »

Nul doute qu'il faut que les amants déçus se reconstruisent après ces espoirs envolés. On ne sort pas indemne de ces grandes frustrations où les espoirs s'envolent. Si l'histoire a été forte, une durable nostalgie peut s'installer des deux côtés.

Pourquoi n'ai-je pas eu le courage de tout plaquer et de tout reconstruire ?, se demande des années plus tard le héros du film *Je l'aimais*, déjà cité plus haut ? Quand des années après la rupture, la vie va remettre face à face ces ex-amants adultères, la jolie femme tient un enfant par la main et l'homme sanglote au bord du chemin. L'heure n'est plus aux « j'aurais dû, j'aurais pu ! » Oui, ils auraient pu, ils auraient dû, mais la réalité est là. Ils ne l'ont pas fait.

Et qui gardera les enfants ?

Nous insistions plus haut sur l'importance que chacun et chacune, lorsqu'il s'engage, accorde au supposé futur père ou à la supposée future mère. Cette nouvelle donne déplace le centre d'intérêt du couple vers une vision plus large : la famille. On veut réussir son couple mais on veut aussi créer et fonder une famille. Nous sommes là assez loin des amours tumultueuses et libres vantées par les célibataires. *On veut que l'amour fasse des enfants.*

À partir de là, tout change, affirment les jeunes pères ! Nous avons essayé de savoir ce que contenait ce changement. Tout d'abord la fierté, ensuite la responsabilité, puis un sentiment de gratitude envers la mère et une nouvelle tendresse pour celle-ci et pour la petite créature, voilà ce qu'ils ressentent : un émerveillement… Ils ne radotent pas tous devant la merveille, mais nous maintenons que *ces nouvelles émotions changent considérablement leur vécu amoureux, et sûrement aussi leurs pratiques amoureuses.*

« Faut plus rigoler maintenant » nous a confié un nouveau père… Empreint d'une nouvelle gravité. Faut plus rigoler parce que les nouvelles mères aussi ont changé et que le poids de l'éducation ne repose plus sur leurs seules têtes. Les couches, les devoirs s'ajoutent aux matchs de foot et créent du lien. Un véritable attachement, suivi d'un aussi sincère engagement. Désormais, il faut mener à bon port le couple mais aussi la famille. Les premiers temps les enfants prennent tant de place que l'on oublie le couple. Comment faire l'amour avec ces petits qui braillent toute la nuit et vous laissent épuisés ! Sans compter que les mères sont amoureusement peu disponibles, toutes préoccupées de leur nouvelle maternité. Après ces doux ou rudes souvenirs, comment penser rayer d'un trait ces tranches de vie pour une amourette ? Alors nous entendrons encore : « Je suis resté pour les enfants. »

Un sacrifice pour ceux qui restent alors qu'ils voudraient être ailleurs ? Non, un choix. Une fidélité à ce que l'on pense être le mieux pour ses enfants car le « qu'en-dira-t-on » n'est pas tendre, accusant de mille maux toute séparation. Les psys, plus sagement, proclament que ce n'est pas le divorce qui pose problème mais la mésentente du couple dans la séparation.

Encore une fois la décision ne regarde que soi. Les enfants ont de magnifiques mécanismes de défense et se sortent très bien de ce traquenard. Aux adultes de se montrer à la hauteur. Doit-on rester pour eux alors que le désir d'un ailleurs incite à partir ? Doit-on se montrer fidèle à sa vérité ?

Sûr que l'enfant retiendra une leçon. On ne sait s'il préfère un parent libre et heureux ailleurs, ou le confort d'un semblant de bonheur pesant.

Les familles recomposées ont l'air d'en baver pas mal, mais nous en voyons aussi tous les jours la richesse dans le secret de nos bureaux. « Richesse » marmonneront les ronchons persuadés que ces cas posent beaucoup trop de problèmes. Ben oui, plus le cercle de famille est grand, plus il est riche d'enseignements. Les belles expériences de socialisation et de respect de l'autre que l'on y pratique sont toutes bénéfiques. Mais quelle joyeuse pagaille, nous avoue en riant un père et beau-père de sept rejetons, plus un (au nouveau couple) ! Nous sourions, car nous revoilà comme au bon vieux temps – celui que nous n'avons pas connu – des grandes familles !

Nous ne sourions plus quand nous voyons des parents irresponsables qui se volent l'enfant ou le déchirent sous prétexte de l'avoir tout à soi. Cela est une autre histoire mais n'est pas hors sujet. Où sont passés les bons ingrédients qui composaient le « connais-toi toi-même » ? Où est passé le désir de réussir son rôle de parent ?

CHAPITRE 4

Aimer à perdre la raison

« Aimer à perdre la raison,
à n'avoir que toi d'horizon… »

Louis ARAGON

L'étymologie du mot « passion » n'a de secret pour personne. Passion vient du latin *passio* qui veut dire « souffrance, maladie ». La passion du Christ, celle de saint François, les flèches de saint Sébastien et la tentation de saint Antoine… Nul besoin d'avoir mené son cursus de catéchisme jusqu'au bout, ni d'être une grenouille de bénitier pour savoir qu'il ne s'agissait pas d'une partie de plaisir.

La fin de la passion

Dans le tant aimé *Belle du Seigneur* déjà cité, Albert Cohen fait la démonstration magistrale et désespérante de l'impossibilité pour la passion de se maintenir dans la durée. Ariane et Solal ne sauront pas vivre le passage de la passion à l'amour, à cet autre type d'amour… moins fougueux, qui se construit avec le temps et ses inévitables désillusions salvatrices, dirons-nous. Les protagonistes vivent à un feu qui les consume et les mène à leur perte, car la passion ne tolère qu'elle-même et exclut tout le reste.

On assiste alors au drame de cette liaison qui n'accepte pas de faiblir en intensité, qui veut rester comme au premier jour et qui pour cela devient effrayante, inhumaine, monstrueuse et cruelle, alors qu'elle avait commencé dans un flamboiement somptueux.

« Je t'ai connue, c'était toi l'inattendue et l'attendue, aussitôt élue au premier battement de tes cils recourbés, toi, Boukhara divine, heureuse Samarcande, broderie aux dessins délicats, ô jardin sur l'autre rive.

– Comme c'est beau, dit-elle [1]. »

Solal et Ariane, le prototype de l'amour fou mais désespéré ! Solal le lucide, le désabusé, sait dès le départ que tout est perdu d'avance, il va tenter de vivre sans les « crétins » du dehors, exigeant un tête-à-tête carcéral. Hélas ! même si la belle s'emploie à gommer le méchant quotidien, leur amour sombrera. Il faut se souvenir de ces pages magnifiques qui distillent les préparatifs de l'amour. Le bain, la coiffure, la robe, le parfum, la perfection d'un corps. « Elle était toujours sur le seuil à l'attendre, sur le seuil et sous les roses, dans sa robe roumaine qu'il aimait, blanche aux larges manches serrées aux poignets. » Le luxe autour de cet amour que rien ne doit abîmer. Ariane est l'image même de toutes les femmes, « ces religieuses d'amour », qui veulent conserver intact le désir de leur homme, l'entretenir pour qu'il soit comme au premier jour : « Promise à la mort, elle se donnait tant de peine, travaillait consciencieusement à se faire parfaite, en bon artisan, langue un peu sortie.

– Ouf, c'est éreintant d'être amoureuse », dit encore Ariane !

Solal, lui, fait son job d'amant attendri… mais la cruauté de sa voix intérieure nous rappelle qu'il n'est dupe de rien. « Pauvrette qui ne disait rien, qui attendait humblement, qui respectait son silence. Il fallait l'occuper. Mais à quoi ? Il ne pouvait tout de même pas la désirer à jet continu. » Le goujat ! Quand la passion déclinera, ils inventeront la jalousie.

Seuls au monde sont les amoureux, dit la chanson ? Oui, mais ils ne doivent pas le rester trop longtemps, sinon ils signent leur arrêt de mort.

Sans social autour pour le baigner, comme un îlot qui devient refuge, l'amour prend toute la place, ou aucune… Il est cantonné à un huis clos infernal. Il ne peut que se consumer et mourir.

C'est le cas pour les amants illicites qui se cachent de chambre d'hôtel en chambre d'hôtel. La vieille formule consacrée « unis devant dieu et devant les hommes » n'est pas dénuée de sens et d'importance. Combien de temps peut-on cacher un amour fort, un amour fou ? « Parle plus bas, car on pourrait bien nous entendre » est le joli refrain des amours interdites qui, comme dans le film *Le Parrain*, finissent mal. Ou au mieux, finissent tout court. Pour vivre, un amour doit crier son bonheur et l'assurer au monde entier.

Certaines histoires ne prennent un tour passionné qu'en raison des circonstances, parce que la relation est interdite ou difficile. Tristan et Yseult, Roméo et Juliette ne sont pas que des héros de roman ou d'opéra ! Manque, retrait, incertitude, voilà qui alimente hautement le désir. Cet amour interdit devient d'autant plus romantique. Cette femme appartient à un autre, voilà qui est excitant. Cet homme ne veut pas s'engager, le challenge est grand. Ce sont parfois des histoires névrotiques où chacun en fait baver à l'autre et à lui-même. Les protagonistes sont imprévisibles, inconstants. Le monsieur (ou la dame) disparaît, est injoignable un moment... Imprévus, abandons, retrouvailles. Je te quitte, je te fuis et tu me suis... Il faut bien pimenter un peu la sauce. Les passionnés incorrigibles aiment les émotions fortes. Sinon ils s'ennuient. Ah, l'ennui ! Combien de fois le voyons-nous évoqué comme tuant le désir. Toujours les mêmes gestes, les mêmes mots, les rites, les tics de l'un et de l'autre. Le passionné déteste les habitudes et aime les surprises et la haute tension. Il veut vibrer.

Ne les jugeons pas : ce sont de belles natures qui nourrissent les pages des romanciers et font les plus belles images de cinéma. Et, sous prétexte d'éviter les affreuses souffrances de la passion, dirions-nous qu'il faut passer à côté de certaines tempêtes de la vie ? Ne prendre aucun risque n'est pas toujours la meilleure solution, c'est la certitude qu'il ne vous arrivera rien d'extraordinaire. Mais après tout si c'est votre façon de vivre et si vous n'êtes pas un hurluberlu exalté !

Certains accordent à cette attraction hautement dangereuse une dimension sacrée qu'il faut respecter sous peine de châtiment. Richard Burton, bel exemple du passionné, écrivait à Liz Taylor : « J'ai été puni par les dieux pour avoir eu le feu, et avoir essayé de m'en débarrasser. Le feu, bien sûr, étant toi. »

Ces amateurs de passion sont certainement fidèles à eux-mêmes et à leur envie de vivre dangereusement. Ils peuvent être aussi fidèles à leur destruction.

Si l'on devient coutumier du fait, viendra un temps où il faudra choisir entre le calme et les débris de soi. Est-ce un choix ? Est-on capable d'analyser et de tirer les conséquences de ces expériences souvent cuisantes ? Quelquefois non. Il arrive même que l'on y replonge. On ne sait pourquoi les jeunes amants du film de Cédric Kahn, *Les Regrets*, se sont autrefois quittés. On sait en revanche que se retrouver sera une épreuve. Pour Maya et Mathieu, le désir fou flambe et renaît, ravageant tout sur son passage, balayant la jolie quiétude de leur vie. Pourquoi la page n'était-elle pas tournée ? Pourquoi tout à coup cette impérieuse nécessité de ne plus se quitter et de se quitter malgré tout. Un pas d'un côté, un pas de l'autre... mais jamais de concert. Quand je te veux, tu me quittes, quand tu me quittes, je te veux.

Il faut surtout savoir s'arrêter à temps. Car on peut devenir fou d'amour ou vraiment fou à entrer dans le jeu, ni avec toi ni sans toi. Le passé du sujet est concerné bien sûr, dirait papa Freud. Tant de violence ne peut que renvoyer à des traumatismes encore vifs.

Anaïs avoue : « J'ai été très malheureuse en amour. J'avais eu quelques idées suicidaires mais je ne savais pas qu'un jour elles pouvaient être aussi fortes et surtout qu'elles me conduiraient à un passage à l'acte. » Les amants trahis se suicident ou se vengent. Les faits divers des journaux sont pleins de ces drames. L'amoureux passionné peut devenir un criminel. Le feu, l'excitation, la souffrance sont ses diables.

Comme Cesare Pavese, essayons plutôt de trouver comment gérer le fameux passage de la passion à la tendresse : « Nous avons brûlé sept ans, il y a eu de charmantes soirées, recommençons mais sans brûler, et n'oublions pas qu'il n'y a pas de raison pour que, dans sept autres années, nous ne tenions pas de nouveau les mêmes propos [2]. »

C'est déjà un premier conseil. Quand cesse la passion, une véritable histoire peut commencer. Le défi est à relever. Lorsque la folie est invitée… le drame de la possession s'annonce.

Les cocus ne font plus rire

L'Histoire (la grande) garde en mémoire les imprécations du plus grand cocu magnifique de tous les temps. Jean Teulé en a tiré un brillant récit. Vous devinez… il s'agit de Louis Henri de Pardaillan, marquis de Montespan. Il avait épousé la plus belle fille de France. Hélas ! elle plut aussi à son roi et la belle céda. Tous les hobereaux peu fortunés auraient été ravis d'une pareille aubaine ! C'était en général la promesse de cadeaux royaux, Louis XIV ayant la reconnaissance du sexe… De ces honneurs-là, notre homme se moquait. Pour marquer son deuil et sa souffrance, il repeignit son carrosse en noir et remplaça les plumes de son blason par de hautes cornes. Cocu, mais l'affichant.

Il essaya bien de se venger. Courtisa et baisa toutes les prostituées de Paris dans l'espoir d'attraper quelque maladie qu'il refilerait au roi par l'intermédiaire de sa marquise. Il essaya même de rendre coups pour coups en s'introduisant dans le lit de la reine. Peine perdue, le cul de la reine manquait d'esprit, il ne put bander [3].

Notre marquis amusa le monde, souffrit beaucoup, comme tous les rejetés, mais garda son honneur. Il est de ceux qui peuvent être fiers d'avoir été ce qu'ils souhaitaient être. Je ne veux ni compensation ni l'or du royaume. Sans compromission, je reste fidèle à moi-même sous les quolibets et en aucun cas je ne reconnais, comme l'Amphitryon de Molière, que Jupiter a le droit de baiser ma femme. C'est un choix.

La question est régulièrement posée aux thérapeutes consultés : Dois-je supporter d'être trompé ? Comme d'habitude *(sic)*, ils répondent que c'est une décision très personnelle que ne trouble et ne régit aucune loi. Qu'il n'y a aucune raison d'avoir honte d'être trompé. Le trompeur seul doit en répondre, disent quelques sexologues inspirés. Ce qui laisse penser que l'on ne doit pas se préoccuper des trémolos et incertitudes de notre compagnon ou de notre compagne qui doit se débrouiller avec sa conscience. Facile à dire !

Les plus solides fermeront les yeux. Passade, coup de grisou, et attendront que l'infidèle se lasse, ou trouveront un autre chemin pour compenser leur peine.

Notre Annie par exemple, a vécu très durement l'infidélité de son mari. Pendant deux ans, elle a beaucoup souffert… puis, œil pour œil, dent pour dent, a pris un amant ! Non pour se venger mais pour retrouver confiance en elle. Elle fait désormais une totale séparation entre son besoin de sécurité, ce qu'elle a construit avec son mari, et son besoin de tendresse et de complicité amoureuse. Vaille que vaille, secrets et mensonges, le couple tient. Chacun fait de son mieux pour ignorer ce que fait l'autre quand il s'absente.

Les cocus du XXIe siècle peuvent être admirables, admirés… Un événement d'une étrangeté absolue est venu nous interpeller radicalement à la fin de l'année 2011. Une femme médiatisée, belle, intelligente, mariée à un homme célèbre dont l'infidélité est légendaire, a été élue personnalité féminine de l'année par… les femmes ! La raison de son élection tient à la reconnaissance de son courage, pour son soutien indéfectible à son traître d'époux traîné au tribunal pour violence aggravée. Voilà comment on gagne ses lettres de noblesse : en étant cocue magnifique, magnifiée.

Faut-il y voir un encouragement à supporter les incartades de son compagnon ? Peut-être. En tout cas, quelle étonnante affaire, mesdames ! Et comme il est nouveau que vous ne tiriez pas sur l'assassin ! Que vous renonciez à le pendre au réverbère. Que vous compreniez avec indulgence !

La dame s'est expliquée. Elle n'est ni une sainte, ni une victime, mais une femme libre qui agit selon son désir. *Fidèle à elle-même, dit-elle*.

Très bien madame, nous comprenons que la décision et l'option prises ne regardent que vous et qu'il n'y a pas de loi qui commande de partir ou de rester quand l'autre vous terrasse [4].

Mais si les cocus ne font plus rire, c'est que les « piqueuses » de maris ou les « piqueurs » de femmes ont plus que jamais mauvaise presse. Il y a bien sûr cette peur que cela ne vous arrive à vous. L'infidèle met en danger votre futur. Il vous rappelle que femme ou mari peuvent vous fausser compagnie à tout moment ! La tentation est partout. Certaines de ces pratiques intolérables peuvent être le quotidien de celui ou de celle avec qui je vis innocemment. La presse people et la presse à scandale nous le rappellent tous les matins. Qui sait ce qu'il fiche dès que j'ai le dos tourné.

Le vassal de l'autre

« Celui qu'on aime a tout droit contre vous, même de ne plus vous aimer. »

Romain ROLLAND

L'engagement de départ peut être remis en cause au nom de deux valeurs indispensables : le respect de l'autre mais aussi le respect de soi. L'éducation que nous recevons insiste surtout sur les égards que nous devons à autrui et que nous avons déjà bien analysés.

Respect, tolérance, si ce n'est ce fameux amour tant prôné, restent l'obligation des amoureux.

Ici le respect de « moi », comme le respect de l'autre, peut consister à dire : ni moi ni toi ne méritons cela. Quoi donc ? *Eh bien ne plus aimer ou ne plus être aimé.*

« Il ne m'aime pas, il ne m'aime plus » se voit, s'entend, se renifle. Aimer peut être une œuvre certes, mais pas… une œuvre caritative. Du moins pour un amour amoureux. Je ne l'aime plus se voit aussi ! Qui de l'un ou de l'autre va imposer son mode de vie ou sa loi ? Le désamour peut prendre de drôles de chemins. Celui de l'abandon certes, mais aussi ceux de la perversité, de la critique permanente, voire du harcèlement moral.

On ne sait souvent pas quelles seront nos réactions si votre grand amour vous déclare : « Je reste avec toi parce que tu vivrais mal sans moi »... ou : « Cela te tuerait tant tu es attachée à moi... » Autrement dit : « Je reste avec toi car j'ai pitié de ce que tu deviendrais sans moi. »

Entendons-nous, nous ne critiquons point ceux qui avancent ces raisons, mais on n'est pas obligé d'y souscrire. Surtout que parfois la chérie ou le chéri abandonné a plus de ressources qu'il ne le croit. Ne dit-on pas qu'il y a des veuves joyeuses ? À vous de décider ce que vous êtes en mesure de supporter. Insultes, pitié, mépris ? Quitter est toujours difficile mais possible. Cent trente mille divorces cette année 2012. Soit de nombreux mécontents ou de grands courageux.

Marie est partie un beau jour parce que son époux ne la regardait plus, au vrai sens du terme. Il fuyait son regard. C'est intolérable de ne pas être vue, d'être un meuble, un rien, nous confiait-elle. Ils se sont séparés sans qu'elle ait une véritable explication. Fuyait-il la désapprobation qu'il croyait lire dans ses yeux, croyait-il qu'elle y lirait qu'il n'aimait plus, sans qu'il ne le verbalise ?

Pour que l'autre demeure, les masochistes ou les peureux supportent parfois les pires humiliations. Même notre belle Ariane qui par amour acceptera « des choses que l'on n'accepterait pas d'un autre » appartient à cette cohorte.

Il faut tout de même être vigilant, l'amoureux peut et doit faire des concessions, mais le pervers, lui, guette la destruction de son jouet. La soumission de l'un à l'autre n'est pas la bonne nourriture d'un couple heureux. C'est ainsi que certaines relations se tuent à petit ou à grand feu.

Pour son propre équilibre, il faut même tenter d'éviter les pathologies des fous d'amour, des jaloux et des pervers. Plus facile à dire qu'à faire pour ceux qui sont en demande d'amour et se laissent abuser par ce grand intérêt à votre égard que déploie l'Autre.

Tu es ma créature et tu manges dans ma main ! Vilaine affirmation, à laquelle certains succombent. La possession peut-être visible ou subtile. Financière ou morale. Nos mères et grands-mères ont souvent avoué que si elles avaient eu cette fameuse indépendance financière que nous gagnons chaque jour un peu plus, leurs vies auraient été bien différentes. On sait qu'il est trivial de parler gros sous dans un livre sur l'amour, mais ne versons pas dans l'hypocrisie. En amour comme partout, les sous ont de l'importance. Les sous retiennent les peureux du manque. Comment refuser une vie confortable, la belle maison ou la belle voiture que vous donne l'aisance financière de votre compagnon ? Attention, car vous, nos amis hommes, savez très bien en jouer. C'est même souvent comme cela que vous appâtez vos jolies proies. Et nous serions malhonnêtes, nous les femmes, de dire que nous sommes insensibles au week-end dans le cinq-étoiles, au charme des chandelles du restaurant et au cadeau qui suit la nuit enchanteresse. Le grand jeu... Jusqu'à ce que le carrosse devienne citrouille. « Quand il m'a eue, tout a changé. Plus de violons, plus de caviar, l'homme s'est avachi avec sa bière, sur mon canapé. »

Observons l'emploi du verbe « avoir ». Il m'a eue, ou je me suis fait avoir. Retour de voyage de noces décevant, réalité terrible. Déception morose. Les sous du monsieur restent désormais sur son compte bancaire. Il consentira à vous en céder une part pour payer les notes de gaz et d'électricité. Le contraire est possible, on continuera à vous gâter, mais quand on voudra et comme on voudra. Vous demeurerez sa chose.

Le possessif peut se transformer en monstre, en un jaloux qui fouille et trifouille. Quand on aime, on est forcément jaloux un minimum, dit la légende. Quand la jalousie empoisonne la relation, il n'est plus question de s'en tenir à la promesse donnée autrefois car le jaloux, lui, ne la respecte pas. Il a promis d'aimer, pas de massacrer.

Le jaloux est un malade qu'il faut quitter avant qu'il ne vous tue. Que ceux et celles qui doutent revoient Othello ou le pauvre Don José de notre célèbre *Carmen*.

« Si tu me quittes, je te tue » est toujours possible. La fidélité à soi-même conseille de s'éloigner de l'arène et de fuir très loin. La jalousie prend parfois des otages de choix. Vous rappelez-vous l'histoire de Médée ? Elle est amoureuse folle de Jason qui la trompe et la rejette. Pour se venger, elle fera cuire et lui servira à manger ses propres enfants. Ne retenez que la métaphore car dans notre nouveau monde, si on n'ose plus faire bouillir nos petits, il arrive qu'on les tue, ou qu'on les écartèle, ou qu'on les vole pour les soustraire à un des parents.

Le pervers est d'une autre nature. Il tue en douceur. Il vous sape le corps et le moral en douce avec ses petites remarques assassines. Il se fait incontournable, puis peu à peu vous dresse comme un animal de cirque. Nous en parlons au masculin mais il peut y avoir des perverses qui mènent leurs hommes par le bout du nez. Le conseil sera le même que pour le jaloux : dès que vous avez conscience que l'on vous manipule… filez. Vous méritez mieux. Parfois, c'est votre corps qui vient à la rescousse en vous taraudant par mille petits maux et aussi des plus graves pour vous révéler, vous faire prendre conscience que cette relation n'est pas bonne pour vous. Même conseil donc : partez !

Vous nous trouvez soudain très radicales. C'est que le risque est grand et qu'il y va de votre équilibre profond. Ce n'est plus Médée, mais les unes de journaux qui doivent vous rappeler qu'on peut se trouver sur la route d'un déséquilibré qui peut vous faire beaucoup de mal. Il est difficile d'échapper à certains pièges et à la folie amoureuse de l'autre. À cause de lui ? Pas seulement... Parfois aussi à cause de soi et de ses propres atermoiements. De l'ambivalence et de l'ambiguïté qui nous saisissent devant la difficulté que pose la rupture définitive et radicale. Nous nous souvenons, hélas, de cas dramatiques où nous avions conseillé de cesser toute relation avec un conjoint rendu fou par la séparation annoncée. La loi heureusement en comprend désormais le péril et exile le jaloux dangereux. Parfois trop tard.

Un petit mot encore sur ces jaloux et malades qui, prenant leurs conjoints pour une chose, les maltraitent. Et un rappel utile : une femme meurt tous les trois jours battue par son conjoint. Ces brutes sont souvent des êtres qui ont eux-mêmes subi des violences terribles, ou les ont vues s'exercer entre leurs parents. Ils perpétuent un comportement. Les thérapeutes l'expliquent en faisant appel au phénomène de reproduction qui là s'assimile à une sorte de rémission du péché de violence. En se conduisant comme votre père, en l'imitant, en devenant semblable à lui, vous lui offrez une sorte de pardon. Vous êtes semblables, donc pourquoi lui en vouloir ?

Se trahir soi-même

Quand une relation semble nous piéger parce qu'on en est prisonnier, il est temps de faire un retour sur soi-même. Quelque chose en moi me dit que je suis en danger mais je ne me résous pas à l'admettre ! Les femmes battues savent qu'elles sont parfois en danger de mort, mais craignent de l'avouer par peur des représailles. Souvent le matraquage moral du pervers est si efficace qu'elles sont prêtes à reconnaître qu'elles méritent d'être châtiées. En effet, un bon persécuteur vous amène à douter de votre valeur. Elles sont alors dans un conflit intrapersonnel, partagées entre leur dignité à préserver et leur peur. Démunies, elles tolèrent l'intolérable, en refusant de changer la donne.

« Cent fois, j'ai voulu rompre, nous dit Adèle. Je partais avec cette certitude et il me retournait comme une crêpe la minute suivante. J'ai attendu ses visites, ses textos, ses courriels. J'ai souffert des journées entières, confinée à attendre sa venue. Si j'osais me rebiffer, il me traitait de folle. Il se jouait de moi, j'étais moche, fatiguée. Sûr qu'ainsi je ne plairai à personne. Un enfer dont j'acceptais d'être l'actrice. »

La pire des trahisons ici est bien celle à soi-même et au respect que l'on se doit. Une telle déduction ne vous étonnera pas dans un ouvrage sur la fidélité à soi. Nous sommes bien obligées de vous renvoyer à ce fameux « connais-toi toi-même » qui seul est en mesure d'expliquer pourquoi nous tolérons ces maltraitances. Une longue prise de conscience fait en général trouver les principales raisons. Vous ne voulez pas vivre sans amour, vous avez peur d'être rejeté, vous ne savez pas résister à l'autorité de l'autre, vous ne savez pas choisir ? Tout est possible et la liste peut s'allonger. La guérison suit en général la prise de conscience.

« Je n'ai pas le désir passionné de te rejoindre, disait Paul à Marie, nous nous rencontrerons lorsque la vie nous en donnera l'occasion. » Marie ne veut plus être une occasion pour ce goujat. Après des mois de souffrance, elle est partie !

On part bille en tête dans une relation extraconjugale en se disant « oui, l'homme est marié (ou cette femme est mariée) et je m'en accommoderai. C'est purement sexuel ». La suite risque d'être moins drôle. Votre amant(e) peut tomber amoureux de vous et vouloir l'exclusivité, vous menant une vie d'enfer pour que vous envoyiez balader votre conjoint. On a même vu des personnes qui, par une lettre anonyme, avaient prévenu leur rival qu'il était trompé, espérant, bien sûr, que l'homme outragé jette la femme infidèle à la porte. Hélas ! c'est elle qui, excédée par ces manières, a rompu après avoir découvert qui était l'anonyme en question.

Il se peut que ce soit vous qui deveniez accro et que le martyre commence. À vous les longues attentes de messages et signes divers. À vous encore la jalousie et ses démons. Au départ de l'aventure, les deux conjoints respectifs trompés comptent pour du beurre. Les amants s'en moquent, jusqu'à ce que le désir d'exclusivité et les affres de l'absence s'en mêlent. Qui est ton mari, ton épouse ? Est-ce que tu l'aimes ? Que lui dis-tu à notre sujet ? Comment le supportes-tu ? Ces questions insidieuses vous amèneront à vous questionner, mais voilà que vous les comprenez un peu, que vous les excusez beaucoup, que vous êtes tentés de vous débarrasser de cette histoire qui prend un caractère inattendu. Mais aussi, que vous le décidiez le matin et que vous l'oubliiez le soir.

Bonne occasion, disons-nous, pour connaître votre cœur d'artichaut et être étonné par cette force de caractère que vous pensiez avoir et qui se révèle bien inefficace. « Jaloux même quand elle allait à la patinoire avec son frère de dix-huit ans… dans ces liaisons qui tournent à l'obsession, tu n'as plus ton assurance habituelle, surtout quand tu es en plein dans le cyclone et que la fille a le tiers de ton âge. Les soirs où elle n'est pas avec moi, je me torture… et je crie au cœur de la nuit : "Fous-moi la paix" et puis : "Débarrasse-toi d'elle ! Il le faut [5]." » Le texte est tiré de *La bête qui meurt* de Philip Roth. Débarrasse-toi de cet amour, tu es en danger. Tel était aussi le souci de Justine : « Je pars pour rompre et je me retrouve dans son lit. »

Justine, la maltraitée

Oui c'est son véritable prénom, comme l'héroïne célèbre du marquis de Sade. Si nous étions romancières de talent nous écririons son histoire.

Elle a poussé la porte de notre bureau un soir de grand désespoir qu'elle a caché derrière une boutade.

« Connaissez-vous cette chanson idiote : "Je l'ai tellement dans la peau, j'en suis dingo ; dès qu'il me touche c'est fini… je suis à lui !" »

L'évocation de cet air-là qu'elle avait joliment fredonné nous a fait rire et penser que la thérapie commençait bien.

Justine est la troisième enfant d'un couple de brillants chercheurs médecins. Seule de la famille à être recalée trois fois au concours de première année de médecine, mais suffisamment douée en musique pour l'enseigner avec talent. L'homme de sa vie, celui qui lui fout des coups, est un ami du père. Leur histoire a démarré et continue dans le plus grand secret. Au début, c'était le paradis, les compliments, les « joue pour moi ma fée ». Puis les jeux se sont compliqués et les demandes sexuelles avec. Avec aussi de grandes tirades sur la philosophie du sexe et du plaisir qui libèrent l'esprit du conformisme et de la bêtise. Quand on s'aime, n'est-ce pas, tout est permis. Deux, puis trois dans le lit, puis les partouzes, puis les humiliations. Jouir est un devoir, partager élève l'esprit. Bref, notre Justine a failli terminer sur le trottoir. « Sous influence, je suis devenue son jouet. »

Tout était orchestré pour la posséder : le secret de mise, l'alternance entre violence, récompense et tendresse qui la faisait chavirer, les serments d'amour accompagnés d'infamies.

« Un père de substitution parce que le mien ne me regardait guère » fut sa première association d'idées. La peur d'être sotte, niaise devant cet homme capable de réciter les poèmes de Baudelaire. Ne pas le décevoir comme elle avait déçu sa famille.

Justine honteuse, Justine rêvant de rompre… Rompant, puis rattrapée.

Un beau jour, Justine s'est sauvée, comme on se noie. Un billet d'avion pour Berlin. Un engagement dans une école de musique. « C'est la seule possibilité que j'ai trouvée. »

C'était un bon choix quand le libertinage ne convient pas.

Le libertin se dit qu'il ne fait aucun mal. C'est vrai quand il rencontre une libertine. Les deux sont alors fidèles à leur idéal de vie. Jouir sans entraves. La « sex attitude » libérée commande que l'on soit d'accord avec ses propres désirs. Lisons Philippe Brenot : « Pour accéder à l'érotisme, qui est la dimension humaine de la sexualité, il faut être solidement construit en tant que sujet sur le plan psychologique, être autonome et indépendant de son partenaire [6]. » Cette disposition d'esprit demande... du travail. Souhaitons que tous les acteurs de la partouze soient consentants et prêts à s'amuser. Juste pour le plaisir.

Mieux vaut être seul...

Les cabossés le proclament : « Mieux vaut être seul que mal accompagné ! »

C'est à cause de toutes ces histoires d'amour où l'on se sent objet et dépossédé de soi que l'on peut décider un jour de faire une pause.

Pause : après les multiples rencontres du site des unions fabuleuses qui vous ont entraîné vers mille et un bistrots pour prendre un premier café et dont vous êtes revenu... attristé !

Pause : après deux ou trois histoires que vous qualifiez de nulles et que vous ne pouvez évoquer sans rougir.

L'analyse que vous en faites vous donne une image de vous si dégradée que vous décidez, devant vos criantes inaptitudes, de renoncer à toute nouvelle histoire sentimentale.

Ainsi soit-il pour Fanny. Fanny est divorcée, libre donc. Par trois fois obligée de rompre trois idylles. Le scénario est toujours le même ou à peu près. Une rencontre agréable et une cour appuyée. Suivent les premiers rendez-vous et les premières caresses.

Les deux premiers lui ont d'abord menti. Ils se disaient libres comme elle, aussi libres qu'elle. Le troisième était pris, mais ce n'était pas grave. Il ne voulait rien, il ne demanderait rien. Un bon coup… de temps en temps.

« De temps en temps », pour les trois, voulait dire « quand je voudrai et quand je le déciderai ». Le premier a avoué son mensonge et trois ans après a reconnu qu'il ne pouvait quitter sa femme et sa fille bien qu'il en eût envie. Le deuxième plus goujat a radicalement opposé sa conception de l'affaire : pas question pour lui d'envisager autre chose qu'une liaison… légère. Le troisième larron, qui était aussi son supérieur hiérarchique, était bien pire. Un texto et au lit. Le reste du temps, pas un regard, pas un mot, prenant un malin plaisir à draguer d'autres femmes devant elle. La perversion consiste évidemment à entraîner l'autre vers le doute, la jalousie, l'incompréhension. Comment cet homme qui, chez moi, dans mon lit, se montre si ardent, peut-il m'ignorer maintenant ? Huit jours sans aucun signe, puis un texto : « Demain chez toi ! » Chez soi à ce moment-là, dans sa tête, il se passe de drôles de choses : « Mais qui suis-je pour qu'il se comporte ainsi ? Il rase les murs, se glisse dans mon lit et repart comme si j'étais une prostituée. *Et tout cela gratuitement.* Comment puis-je accepter un tel comportement ? »

Eh bien l'analyse est compliquée, mais on peut tout de même en tirer deux ou trois leçons. *Soumise* et bien niaise notre Fanny, direz-vous ? Niaise non, car elle voyait bien la filouterie de ces trois hommes.

Obstinée, oui. « Je sais que l'on me traite mal mais je vais les mettre au pli, les clouer au pilori et on verra bien qui va gagner. » Un pari, un grand risque pris parce qu'on peut, on pourrait gagner, voilà le projet de Fanny !

Hélas ! il y a des parties perdues d'avance parce que l'obstination encombre la vision réelle des choses. Ces hommes souhaitaient du plaisir, de l'adrénaline, Fanny cherchait un compagnon et pensait qu'avec un peu de patience, rien ne lui résisterait. Surtout pas ces hommes-là. C'est être peu perspicace, car ces hommes-là sont de roués menteurs. Le premier parlait bien de l'amour, le deuxième se laissait materner, le troisième laissait supposer une personnalité si mystérieuse et si passionnante !

En fait, Fanny ne peut renoncer à accepter de perdre… un homme. La compétition s'engage alors pour prendre l'homme (à lui-même) et le garder dans ses filets. Un défi mortel que Fanny a perdu… un défi qu'elle aurait pu gagner si… ces hommes avaient été autres ! Les scénarii étaient quasi semblables avec les deux derniers amants qu'elle superposait parfois dans un même temps, en une sorte de vengeance.

« Avec mon Jules II, je pouvais faire mille interprétations, avouait Fanny, elles étaient toujours démenties par son attitude et son geste du lendemain. Si après une longue période d'indifférence que je prenais pour une rupture, je décidais de renoncer, il me relançait aussitôt. Si je décidais de faire un geste vers lui, après un joli moment de partage pour tenter de faire du lien, il répondait froidement, ou pas du tout, tenant ses distances. Je sentais qu'on était dans une autre dimension, qu'il ne fallait pas demander, poser des questions, avoir des besoins, des désirs.

Tout était paramétré selon son bon vouloir. » Cette mise à distance s'était faite tacitement. Un enfermement, une absence de réponse à un message conduisaient Fanny à ne pas le solliciter, à jouer elle aussi la même indifférence. Mais ce n'était qu'une attitude. « Dès lors le piège se refermait, je guettais son signe, attendais le prochain rendez-vous. Ce silence, cette absence de tout contact étaient à la fois déconcertant et excitant. Il créait ce manque dont le désir se nourrit. La rareté de ses hommages n'en avait que plus de valeur. »

Cet homme avait bien compris l'effet de la frustration. Il jouait avec, et sifflait sa belle quand il en avait envie.

Le point commun entre ces deux histoires est qu'elles n'existaient pas... tout en existant terriblement dans la tête de Fanny. Si elle décidait d'oublier ces hommes, ils se rappelaient à elle : un mot, un sourire, un texto, un mail, une lettre. Sa faiblesse était de répondre, de céder à l'impulsion de vivre ce qui s'offrait sur l'instant. *Sa faiblesse était de vouloir avoir le dernier mot.* Elle pensait que c'était ainsi qu'une femme moderne devait se comporter et que finalement il était bête de bouder une partie de plaisir. Sauf qu'elle souhaitait profondément (bien au-delà d'une partie de plaisir) une histoire qui s'inscrive dans le temps. Dès que la liaison reprenait, tout ce que sa pensée rationnelle avait élaboré pour se défendre s'effondrait devant son impossibilité à l'assumer. Plaisir. Désenchantement. Attente.

Le Jules III vivait surtout ses pulsions. Il l'apercevait au détour d'un couloir, il entendait sa voix, il avait envie d'elle ou pas. Il l'appelait ou pas. « Je ne savais jamais ce que je provoquais en lui : un désir violent ou un évitement non moins farouche. Ses silences après nos ébats étaient assourdissants, terribles. Je n'existais plus jusqu'à la prochaine fois. Suspendue à son désir, jalouse à en crever de le voir courtiser les autres femmes de notre service. »

Pour rompre, il faut, avons-nous dit, de l'énergie pour récupérer sa belle image, il faut une bonne analyse et de la volonté. La bonne analyse consiste à se dire que l'on a perdu ! Échec et mat ! Les trois hommes n'ont pas cédé un pouce de ce qui les constitue. Ont-ils aimé Fanny ? Certainement, par moments. En tout cas, la guerre sourde leur convenait bien. La guerre ou le rapport de force. Je te tiens, tu me tiens ! De guerre sourde en guerre lasse, Fanny se fâche et veut se retrouver libre, y compris sans homme. Cesser ce mauvais feuilleton.

Entendons-nous bien ! Quand nous disons que cette histoire ressemble à un mauvais feuilleton, c'est en pensant à la souffrance de Fanny qui est bien réelle. Et de son incapacité à s'y soustraire malgré son apparent désir ! Oui la fidélité à soi-même semble malmenée puisqu'elle est sous emprise, mais qui nous dit que pour Fanny *fidélité n'est pas synonyme de combat.* Je me dois de gagner les batailles ! dit la petite voix. C'est ainsi que je me ressemble et c'est ainsi que je suis moi.

Ce que Fanny n'intègre pas, c'est que cette position fait fi de la force de résistance de l'autre qui se renforce plus qu'elle ne se détend, pressentant que l'on veut l'amener où elle ne veut pas aller.

Point n'est besoin de penser entrer au carmel quand nos histoires s'enlisent, il suffit pour mieux vivre de décider de « faire l'amour et pas la guerre ». Car malgré toutes les embrouilles que cause une relation amoureuse, toutes – les bonnes et les mauvaises – portent en elles un bout d'espoir, une lumière, un enseignement.

Alors, que ceux qui préfèrent la solitude de leur appartement aseptisé et le calme de leur nuit soient persuadés qu'ils passent peut-être à côté d'une belle histoire. Ils s'en consoleront en se disant que l'on ne peut tout avoir… Pour le moment, Pierre, Paul ou Jacques, seuls et fiers, roulés dans leur plaid, savourent leur série culte en paix devant la télé. Aline, Sophie ou Virginie font de même. Un jour viendra ?

Pourquoi tant d'inconscience ?

Parce que l'inconscient nous joue des tours. Pardonnez ce jeu de mots qui a le mérite pourtant de dédramatiser cette notion très absconse d'inconscient freudien en la liant à ce joli mot d'inconscience qui appelle plutôt la gaieté de l'innocence et la naïveté. Nous avons bien insisté plus en amont sur ces choix de partenaires qui sont des choix que notre raison n'approuve pas. Ou plutôt ne devrait pas approuver si elle était raisonnable. Sauf qu'il y a en nous quelques poussières qui gênent. Dans un précédent opus [7], nous en avons dégagé quelques-unes qui tenaient par exemple à une mauvaise relation entre une fille et son père. Un père autoritaire peut à jamais détruire l'esprit critique de sa fille et en faire une fille silencieuse et soumise. Celle-ci, habituée à ne pas avoir d'avis sans l'aval de papa, va être attirée par le même type d'homme. Ce qui peut l'amener à faire la marionnette obéissante. C'est ainsi que Justine fonctionnait, prête à tout pour contenter cet homme, substitut de père. Un père absent ou distrait, qui ne regarde pas sa fille, ne va pas donner à celle-ci une bonne image de l'homme en général et surtout la laissera dans une attente d'amour qui peut être préjudiciable. Que dire des mères qui donnent de l'homme une image négative parce qu'elles ont elles-mêmes beaucoup souffert dans leur couple ? Les pernicieux « tous les hommes ne pensent qu'à ça… Tous des salauds… trompe, avant que l'on ne te trompe… » (la liste est longue) n'aident pas l'adolescente et la jeune fille à grandir. Son inconscient avale ces méchancetés et en fait une loi qui se transforme en émotion. Peur de l'autre, agressivité, incertitudes, sourde animosité ! Autant de poussières. Le processus est semblable pour les garçons qui, comme les filles, sont réceptifs aux messages subliminaux des parents et à ceux de leur milieu et de leur environnement. La première erreur peut venir d'un mauvais casting ! Plus grave encore est de persister dans ce mauvais choix et de le reproduire à l'infini.

Parce que l'on ne peut pas faire autrement ? En quelque sorte oui, sauf que nous ne croyons ni à la fatalité, ni à Dieu, ni à Diable. Donc ce malheur est notre choix ? Sommes-nous des masochistes ou des désespérés du bonheur ? Pourquoi Fanny accepte-t-elle une relation avec des hommes dont elle sait très vite qu'ils ne sont pas libres, que la conquête sera dure, qu'elle sera obligatoirement en compétition avec une autre femme à un moment donné ? Par goût du risque, nous l'avons déjà dit, parce qu'elle veut gagner devant la rivale. Parce que tiraillée dans son enfance entre son père et sa mère, elle interroge encore et encore cette relation pathologique. Qui m'aimait vraiment ? Qui dois-je croire ? Entre deux ou trois hommes, entre deux ou trois rivales maintenant, je suis comme entre père et mère… écartelée et disputée ! Les psys bien informés pensent toujours que nous avons un goût prononcé pour la reproduction des situations. Il faut entendre par là que nous avons tendance à reproduire inconsciemment des schémas de comportements connus, même s'ils nous font du mal. Parce que dans ceux-ci nous nous sommes baignés longtemps et nous savons comment nager.

La violence entre partenaires peut être ainsi une habitude acquise fort tôt. Il y a des hommes qui battent les femmes et qui pleurent ensuite de s'être ainsi conduits. « Mon père battait ma mère, il nous fichait des trempes quand il s'énervait », entend-on fréquemment. On a étudié plus haut le mécanisme de la « reproduction fatale ». La même pulsion les pousse à faire semblablement. Ensuite, ils pleurent et regrettent, jurent qu'ils ne recommenceront plus, et recommencent le lendemain. Ainsi font ceux qui veulent rompre, se jurent toute la journée qu'ils le feront, et qui le soir se retrouvent dans le lit du tortionnaire. À nouveau soumis et à nouveau honteux de cette reddition.

On tape sur l'autre, parce qu'on ne sait maîtriser ses émotions et sa colère, mais pourquoi ces femmes battues ne fuient-elles pas ?

Elles sont comme les enfants battus, qui eux non plus ne fuient pas, et excusent même leurs parents d'autant de violence.

Parce que comme les enfants, elles croient que demain l'amour vaincra enfin, parce qu'elles aiment… cet homme qu'elles énervent tant. Parce qu'elles pensent ne pas mériter mieux.

Il arrive aussi que ces disputes et autres tourments deviennent comme un piment, un petit plus, pour tous les couples de l'amour braque. *Qui a peur de Virginia Woolf*[8] ? reste un classique du genre, où la dispute, le conflit sont le ciment du couple. La cruauté leur came.

Ces couples fous furieux s'accommodent peu ou prou de telles pratiques qui réinterrogent en permanence leur attachement. Ils sortent de ces joutes, rompus et haletants, mais la réconciliation (à organiser, au lit ou ailleurs) les rassure. On s'aime toujours, ou on s'aime encore, malgré tout. Les jours se passent en engueulades, en reproches, en bouderies, mais la seule question qui est posée inconsciemment est « jusqu'où je peux aller dans les coups, où est la limite de mon compagnon et en l'occurrence, la mienne ». Nous gardons tous en mémoire la triste histoire de Marie que son amant aimait tant et qui dans des moments extrêmes de drogue, de passion, de jalousie, s'est lui aussi englouti en même temps qu'elle[9].

La plupart du temps, c'est *l'angoisse autour de la relation*, plus que la cruauté des protagonistes qui est responsable. Les partenaires ne lisent pas chez l'autre l'attachement ou l'intérêt qu'ils voudraient y lire. Soit parce que la communication est rompue, chacun vivant dans son coin avec sa tête, soit parce que les espoirs sont déçus. « J'espérais plus d'attention, plus de reconnaissance de ce que je fais pour lui. Une réassurance de ma propre inquiétude à mon sujet. » En effet, pour être soi-même, tel que l'exige son propre idéal, on doit accomplir de grandes manœuvres… Or, comme le toutou bien dressé, on est en droit d'espérer que l'Autre remarque vos progrès ! Imaginez un professeur qui ne fait aucun compliment, ni ne donne aucun encouragement. Nous ne sommes plus ni enfant, ni élève, mais c'est encore le regard de l'Autre qui nous construit et son approbation qui nous rassure. Voilà pourquoi les amoureux ont besoin du regard admiratif de l'autre pour bien vivre. *Dans tes yeux, je découvre ce que je suis.*

La sagesse du vieil homme : la bête qui meurt

« Alors les amoureux ? Ils traversaient le Pont-Neuf. Un passant les avait croisés… Ce moment-là, il ne l'a pas oublié, il ne l'oubliera jamais. Maintenant, c'est lui le vieil homme et, quand il lui arrive de traverser le Pont-Neuf, lui revient le souvenir de ce jour lointain et il se dit à lui-même : Alors, les amoureux [10] ! »

Cette si jolie phrase appartient à Jean-Bertrand Pontalis qui évoque pour nous ce beau moment où l'amour irradie tellement que le spectateur d'autrefois ne peut que l'applaudir et le vieil homme d'aujourd'hui se souvenir. Jolie mémoire qui permet de retenir encore l'émotion passée !

Du passé.

Un vieil ami nous dit encore que le seul atout du grand âge est la sagesse du sexe. Avec des yeux malicieux, il nous signifie que, privé d'érection, il peut calmement profiter de la beauté des femmes et des choses. « Toutes ces émotions, ces attitudes pour séduire, après tout c'est fatigant. Les stratégies, les discours accrocheurs alors que tu ne penses qu'à la mettre au lit, foutaises. Tu n'es pas toi-même : tu es un singe en rut, une trique, un pari. » Le voici désormais apaisé parce que l'âge, ou la sagesse venant avec l'âge l'éloignent de tous les tourments amoureux. Changé par l'horloge.

Comme Félix qui lui aussi change d'avis et devient ce qu'il n'avait jamais tenté d'être : un homme amoureux, un mari en jouissance. Félix infidèle à sa promesse de ne jamais être fidèle, Félix conspué et moqué souriait quand nous l'avons brocardé : « Alors on se range pour ses vieux jours ? » On lui prédisait des soirées mortelles et des regrets éternels, sans oser analyser… que nous tous avions, nous aussi, changé ! Le temps, le vilain temps qui passe nous avait transformés. Ni traîtres ni relaps, nous avions changé de cap et si Paris vaut bien une messe, notre bonheur du moment n'a pas de prix.

TROISIÈME PARTIE

Le temps et rien d'autre ?

CHAPITRE 5

La loi de l'horloge

« Arrête-toi, tu es si beau », dit Goethe au temps qui est !

Tempus fugit répondent les horloges en tictaquant gaiement.

Que nous voulions agir sur le temps, le retenir, est un vieux rêve. Une possibilité que promettait déjà Satan aux créatures qu'il soumettait à son pouvoir. Renie ton dieu et fais allégeance à Belzébuth et tu auras la jeunesse éternelle. Les crédules s'y sont essayés en vain, Faust s'y est perdu. On est en droit d'imaginer que ce savant fou poursuivait des visées nobles et s'intéressait davantage à la preuve de l'existence de Dieu, ou du secret de la création du monde ! Eh bien non : Faust court après un trésor absolu. Faust veut que le temps s'arrête.

« Non, je veux un trésor qui les contient tous, je veux la jeunesse.

À moi les plaisirs, les jeunes maîtresses

À moi leurs caresses, à moi leurs désirs [1]. »

Doublement intéressant pour notre sujet le bon vieux docteur ! Arrêter le temps pour retrouver la jeunesse qui permet l'amour, tel est son but.

Concluons-nous déjà que le temps qui passe et la vieillesse qui s'installe sonnent la fin des plaisirs et des caresses et que dès lors la vie perd tout intérêt ?

Nous pensons d'abord que les expériences que permet le temps qui passe et les souvenirs qui s'y construisent nous façonnent, et que bien sûr la nostalgie, les remords et les regrets peuvent nous conduire à souhaiter une nouvelle tranche de vie, un recommencement. Ah, si nous n'étions pas mortels, et si nous pouvions retrouver nos vingt ans ! Hélas, aucun charlatan n'arrêtera les aiguilles. Le temps est irréversible mais, comme au cinéma, il a trouvé la géniale astuce du flash-back qui peut faire semblant de remonter le temps, mélanger les périodes, revenir sur le passé pour expliquer le présent. Brouiller les pistes.

Dans la vraie vie, ce mélange passé/présent se fait parfois à notre insu, parfois en toute conscience. Pour cela, l'homme doit en effet composer avec de petits rigolos farceurs : *le temps* qui ne se laisse jamais fléchir… suivi de son disque dur, *la mémoire*. Elle-même encombrée d'un jumeau émotif et peu fiable, *le souvenir*. Des triplés bien dérangeants, mais pas si éloignés du flash-back cinématographique. Ils jouent tout autant avec nous, embrouillant les fils ! Quand nous pensons l'instant présent, nous sommes souvent submergés par du passé ressurgi du fond de notre mémoire. Combray, le baiser de maman, la madeleine… Marcel Proust nous a bien expliqué comment se jouait autour de nous l'odeur des roses et des lilas : « De même maintenant toutes les fleurs de notre jardin et celles du parc de M. Swann et les nymphéas de la Vivonne, et les bonnes gens du village et leurs petits logis et l'église et tout Combray et ses environs, tout cela qui prend forme et solidité, est sorti, ville et jardins, de ma tasse de thé[2]. »

Voilà que tout est bien dit. Comme de la lampe d'Aladin sort le génie, de la tasse de thé de Proust surgit le bouquet d'émotions et de senteurs.

Les souvenirs encombrent-ils nos futurs comportements ? Bien évidemment, ou en tout cas, la plupart du temps. Or, il faut bien reconnaître comme facteur dérangeant que notre mémoire est une infidèle chronique. Elle retient ce qu'elle veut et comme elle veut. La saveur de la madeleine, l'âpre souvenir de l'humiliation, ou la senteur des roses, seront alors notre propre histoire et le fruit de notre seule interprétation. Ce qui nous rend encore une fois, *uniques*.

C'est donc avec nos vécus respectifs que nous allons avancer en amour, comme en toutes choses. Par comparaison souvent. Non point en comparant Paul à Jacques, mais en se souvenant combien une heure avec Jacques est plus agréable qu'une heure avec Paul ! C'est d'ailleurs heureux pour les deux personnages qui ne sont pas rejetés à cause de quelque chose qui cloche chez l'un ou chez l'autre, mais à cause de notre ressenti émotionnel quand nous sommes avec eux.

Ce ressenti, très capricieux encore, peut comporter toutes sortes de paramètres très personnels. Ainsi quand Pierre m'a invitée dans ce lieu si poétique, il faisait beau, j'avais une belle robe, mes cheveux se tenaient tranquilles, bref tous les feux clignotaient au vert. Une soirée dont la réussite dépendait un peu de l'attitude de Pierre mais... aussi de mon humeur rose ou noire du jour. J'en retiendrai la douceur et j'en célébrerai la nostalgie si mon humeur est belle. En revanche, si ma voiture refuse de démarrer, si ma mère a remarqué mon bouton sur le nez si, si, si... la soirée est tout autre. Et mon destin aussi ! Notre mémoire mélangera réalité et impression pour nous livrer une réponse à sa façon.

Imaginez, cher lecteur, les effets de cette vilaine manie alors que vous attendez de vos expériences passées des vérités qui vous aident à réfléchir et à choisir intelligemment le présent !

Les vilains tours de la mémoire

C'est pourtant bien avec cette mémoire qui s'emmêle les pinceaux que nous devons vivre notre quotidien [3]. De ces souvenirs incertains va dépendre votre jugement du jour. « La vie était belle avant, quand nous étions amoureux », pensez-vous. Est-ce là une réalité ou l'état d'âme d'un jour brumeux ? Vous n'en savez trop rien en vérité et ce sont pourtant ces pensées-là qui vont compter au moment des grandes décisions. Bien ou mal, c'est ainsi et il faut s'en consoler en pensant que vraies ou fausses, elles sont à vous. Le ressenti est subjectif.

Nous avons déjà évoqué dans un précédent chapitre combien le temps usait la passion. Ou tout au moins, combien il usait les passionnés. Le « c'était mieux avant » peut envahir tout l'espace et tout ternir. Bien sûr que c'était mieux avant, quand nous étions assez fous pour oublier en de folles nuits d'amour le réveil du petit matin, quand nous étions capables de traverser le pays pour s'embrasser deux heures entre deux trains. « Maintenant » est feignasse et éteint. « Maintenant » ne se lève plus du canapé quand vous rentrez le soir. Il oublie votre fête et chante avec Léo

Ferré qu'« avec le temps va, tout s'en va ». Tous les poètes, les romanciers ont décrit ces lassitudes inexorables, ces déceptions inévitables, cet ennui fatal... existentiel, qui nous poussent vers la nouveauté à cor et à cri. Nous n'allons pas insister et vous raconter encore et encore ce que peuvent être *l'ennui et la répétition*. Bien sûr, on a épousé un être dynamique qui construisait votre toit, votre avenir et portait des projets. Vous avez tous deux beaucoup programmé ce que vous souhaitiez, vous l'avez partagé et vous vous êtes promis d'y parvenir. Hélas ! il y a eu maldonne ou changement d'itinéraire ! Maldonne, parce que le vaillant garçon, une fois casé, a rejoint son canapé et la retransmission de ses matchs. Maldonne, parce que la chic fille d'alors s'est transformée en mégère, en essayant de faire lever le dilettante en question. Maldonne encore, parce que l'un des deux a suivi son chemin en oubliant l'autre en route... ou que l'autre est resté enlisé au bord du chemin. Bref, le couple d'amoureux s'est perdu et ne partage plus rien, sauf les récriminations et les revendications.

Autant de vilenies qui n'aideront pas à ressouder les liens. Autrefois va briller et son souvenir embellir. Aujourd'hui va s'attrister et se blêmir. Retrouver les bonnes vibrations va devenir tentant et... l'espoir d'une vie moins monotone renaître. Inéluctable, pensez-vous ? Oui, au moins une fois dans sa vie, un jour de déprime ou de questionnement, on va tenter de réfléchir à ce que l'on a fait de sa vie. Tenter un bilan.

Un de nos ministres pensait que la tentation du changement se nommait joliment Venise [4] ! Nous supposons comme lui qu'évoquer la beauté des palais du

Grand Canal, un jour noir de mécontentement, tout planter là… est réconfortant et prometteur. C'est ainsi que vous allez vous évader de votre canapé, vous aussi. Certes, il y a Venise, mais aussi beaucoup d'autres rêves qui tout à coup, de façon fort imprévisible, vous assaillent. Il y a dans votre panier :

– tout ce que vous n'avez jamais tenté parce que… le temps, la contrainte, le courage ;

– tout ce que vous n'avez jamais imaginé faire ;

– plus une rage, une envie subite d'action, de mouvement et de marche en avant et surtout une certitude : si je ne bouge pas, je vais en mourir.

Vous avez raison, on peut mourir d'ennui et c'est de votre peau qu'il s'agit maintenant. Parce que du temps et de l'horloge à vrai dire, aujourd'hui, vous vous en moquez.

L'espoir a toujours vingt ans !

Serions-nous imprévisibles ? Serions-nous ingrats ? Il arrive que nous fassions des bonds, des virages à cent quatre-vingts degrés, que nous ne nous reconnaissions point. C'est que, quand gagne la lassitude, l'exaspération n'est pas loin. Une goutte d'eau, un accident suffit alors à faire exploser nos pauvres certitudes.

Il est vrai que nous nous sommes engagés au nom de celui ou celle que nous étions au début de l'histoire, puis nous avons grandi, vieilli. Il se peut alors que cet Autre, tant aimé autrefois, ne convienne plus à vos nouveaux projets. Comment être sûr d'évoluer pareillement, même si nos idées étaient semblables au début ? Le présent ne donne aucune certitude sur la trajectoire que chacun suivra. Il se peut alors qu'un (ou une autre) vous semble plus proche et plus apte à continuer avec vous sur un autre chemin. La *liste de vos envies* [5] connaît en ce moment une inflation que votre gentil compagnon ne peut assouvir. Alors, si un garçon entreprenant, ou déprimé d'un soir comme vous, vous fait quelques avances, peut-être céderez-vous ? Sauf que vous n'êtes pas une midinette ou un Don Juan d'opérette et que vous ne devez pas vous tromper de cible. Il s'agit de se dérouiller seulement les méninges, le problème n'est pas de compliquer les choses avec une aventure encore plus ennuyeuse, n'est-ce pas ? D'ailleurs, nous vous rappelons que l'héroïne de ce joli roman précité ne s'en laisse pas compter et sait où est sa voie.

Vous pouvez penser différemment. Vous aurez alors de bonnes excuses à fournir et tout l'avenir devant vous. Avec cette sensation grisante d'avoir acquis tant d'expériences... que cette fois c'est sûr, vous ne vous tromperez plus ! Il se peut aussi que, passé ces envies d'ailleurs, vous ayez trouvé le moyen de renouveler au jour le jour les termes du contrat et qu'il reparte pour un avenir meilleur.

Les noces d'or

Viviane est doucement nostalgique, quand elle voit autour d'elle ces couples qui vivent ensemble depuis des décennies. « Moi, je n'aurai jamais un tel cadeau, j'aurais tellement aimé fêter des noces d'or. » En fréquentant ces duos magiques, que l'on nomme les inséparables, on peut, comme Viviane, ressentir tout ce que le temps a tissé entre deux êtres, cette proximité des corps, les gestes d'une tendresse infinie. Le temps les a liés, attachés et, si on parle d'inséparables, c'est pour évoquer ces oiseaux qui ne survivent pas à la mort de l'autre. Pour cela, il faut assurément de la patience, du respect pour la personnalité de l'autre et un formidable cahier de bons souvenirs vécus ensemble. Le couple est un laboratoire où chacun vit une expérience personnelle et commune. Chacun y poursuit sa croissance affective, celle commencée dans sa famille d'origine et celle de la rencontre avec l'autre. Georges Memmi, déjà cité [6], énonce que l'érosion se compense par l'imagination, que les partenaires ont si parfaitement déteint l'un sur l'autre qu'ils sont de couleur identique, qu'ils se sont poncés l'un contre l'autre, se sont façonnés l'un pour l'autre. Rester ensemble suppose de réécrire le contrat en permanence.

Ce qui fait la différence entre un couple qui dure et celui qui ne dure pas interroge grandement. On a bien compris que ce n'est pas seulement l'amour, mais la volonté de rester ensemble. Celle de vouloir vivre et vieillir avec l'autre, quelles que soient les difficultés et les tempêtes traversées. En vertu justement de ces tempêtes traversées qui font surgir les « tu te souviens du jour où... ».

Cette volonté est le ciment de base qui fait tenir la construction. L'essentiel étant que chaque membre du couple s'y retrouve. Chacun à sa manière. Le couple conflictuel trouvera son énergie dans le conflit, le couple siamois dans ses similitudes, le couple contrasté dans les aptitudes complémentaires de chacun...

À titre d'exemple caricatural et pour se moquer de la vulgarité de ces *Scènes de ménage* que nous inflige la chaîne M6, nous oublierons ce que répond l'homme de ce pauvre couple conflictuel, abominable de perversion et orfèvre en phrases assassines du genre : « Le couple qui dure est fait d'un quart de paresse, d'un quart de peur de vieillir ou de "crever" seuls, d'un quart de diarrhée verbale, d'un quart d'habitude. »

On en rêve tous, n'est-ce pas ? Heureusement, la bêtise ne fait pas toujours audience et *Amour*, dernier film de Michael Haneke, nous sauve de la médiocrité ambiante. Beau film, dit la critique quasi unanime. Bel amour que celui qui lie encore les deux héros dans l'épreuve et la maladie ! Belle fidélité à la parole donnée, ajoutons-nous. Pour notre sujet, voici l'exemple parfait d'un amour absolu : deux êtres s'aiment tellement qu'ils se soutiendront jusqu'au bout et que l'un répondra à l'appel secret de l'autre : « Ne me laisse pas vivre cette déchéance, aide-moi à mourir. » Mais cet « Amour » est aussi l'exemple à peine suggéré d'une fusion et d'une réclusion mortelle dans un huis clos étouffant. De la résistance plus ou moins grande que nous éprouvons devant la souffrance de l'Autre. Ni leur enfant, ni l'étranger aidant n'existent. Aucun secours extérieur n'est possible. Les amoureux sont devenus seuls au monde, enfermés, reclus. Est-ce le sens de l'énigmatique « Tu es un monstre » que prononce Anne au début du film, non parce qu'il la tuera, mais parce qu'elle définit ainsi leur relation, une relation monstrueuse ?

Le temps peut sublimer des amours perdues. Ce sont ces amours que l'on n'oublie pas mais que l'on ne vit plus et qui, pour cette raison, ne connaîtront ni la routine ni la faillite. Il arrive aussi que l'on continue à aimer passionnément celui ou celle qui n'est plus. Certains vouent même à leurs chers disparus un amour oblatif sans faille qui condamne à ne plus jamais aimer, à rester fidèle à la photo du personnage qui sourit encore sur la table de nuit.

L'itinéraire cahin-caha

On peut connaître dans sa vie des périodes où l'on accepte le temps des pis-aller. Hommes et femmes peuvent avoir des relations amoureuses ou sexuelles sans grande valeur à leurs yeux pour « adoucir » momentanément leur solitude.

Est-on fidèle à soi-même si la relation que l'on vit n'est pas exactement conforme à ses aspirations profondes ? Si elle est motivée par l'impossibilité de rester sans rapport affectif ou sexuel ? Si elle est légitimée par la croyance qu'il n'est pas facile de trouver celui ou celle avec qui on connaîtra l'entente, celui ou celle qui convient en tout, ou du moins pour l'essentiel ? Si on est dans un entre-deux, en attendant ?

Oui bien sûr, il peut arriver que l'on se contente de situations insatisfaisantes, en toute conscience, pour nourrir un peu le corps et stimuler le désir. Une manière polie de patienter en attendant de trouver la bonne personne. Tant qu'on est lucide, que l'on ne se leurre pas, le compte est bon pour soi. Quid de l'autre ?

Bien des femmes, en quête de bras rassurants et tendres, se donnent l'illusion d'être aimées par ces amants de passage qui ne recherchent et ne donnent que du plaisir. Bien des hommes noient leurs solitudes dans des rencontres d'un soir. Le marché est de dupes ?

Pas si sûr. Les hommes font parfois semblant d'être très détachés, mais sont le plus souvent dans la plus grande ambivalence et avouent l'amertume du petit matin. Fort chagrin, le petit matin blême « quand on se retrouve dans un lit inconnu et que l'on ne sait pas s'il faut dire merci à la dame, ou s'échapper en douce. Surtout si la soirée de la veille était bien allumée... Alors, tu es un peu mal à l'aise et tu dis que tu rappelleras mais tu oublies bien de noter le téléphone ». Ce sont les mots mêmes d'un charmant jeune homme de presque quarante ans, libre et déluré. Le cliché profère que les femmes s'attachent facilement ! Que les femmes mariées sont très tentées de tout larguer quand elles aiment ailleurs. Aldo Naouri dans son livre *Adultères* [7] affirme que le risque de quitter son conjoint est plus important pour les femmes que pour les hommes. Les hommes sont plus... attachés à leurs habitudes. Lâches, disent celles qui ont eu à souffrir des atermoiements et des volte-face de leur amant. Refrain connu ! À méditer.

Quand le temps mûrit après un cheminement hasardeux...

Ulysse court le monde pour parfaire sa connaissance, s'arrêtant dans chaque port, ne dédaignant pas les bras tendus des belles sirènes, avant de rentrer au pays retrouver sa patiente Pénélope. Tel le personnage de Dexter, dans le roman *Un jour* de David Nicholls, fidèle à ce viatique : « Je préfère le vivre que ne pas le vivre [8]. » Il s'y adonne de tout cœur. Dans ce roman, le personnage de Dexter, animateur médiatique, addict au sexe et à l'alcool va peu à peu évoluer.

Les plaisirs et les outrances s'usent aussi… La fidélité à soi-même en amour suit-elle une feuille de route ?

Au départ, Dexter n'a d'autre plan que celui de profiter au maximum, de tout expérimenter, poussé par la rage de tout vivre ! Finalement, il choisira, par besoin et contraste, une femme structurée qui ne ressemble en rien à ses habituelles conquêtes déjantées. Elle arrive dans sa vie alors qu'il a vieilli et compris qu'il vaut mieux arrêter la bamboche, que les aiguilles de l'horloge ont tourné, que l'adolescence doit se terminer. Hélas ! l'épouse qui n'a pas la même patience que la vieille amie Emma se lassera vite. Une belle leçon pour cet égoïste jouisseur. Reste la vieille amie et la fin tragique qui sauvera le roman de la bluette.

Le principe du tout plaisir s'applique moins bien lorsque l'on commence à vieillir et à admettre qu'il vaut mieux renoncer à expérimenter ce qui risque de causer mort et souffrances. Trop d'expériences traumatisantes finissent par nous déséquilibrer. Nous pourrions même dire qu'elles ne sont pas si nécessaires à notre apprentissage quand elles sont des répétitions navrantes et confirment la véracité du dicton : « Chat échaudé craint l'eau froide. » Après tout, il se passe assez de drames autour de nous pour que nous n'ayons pas envie de les expérimenter nous-mêmes ! Si ce n'est donc la sagesse, c'est la fatigue ou encore l'usure qui nous fera cesser de recommencer les mêmes erreurs.

Il faut du temps aux hommes pour grandir, pour devenir adultes, comme pour les oliviers dont la croissance est si lente. C'est pourquoi les deuxièmes (ou troisièmes) unions sont parfois mieux réussies. On comprend peu à peu ce qu'il faut éviter de faire et on apprend aussi à se satisfaire d'options moins colorées, de situations plus ordinaires. Dame frustration et dame impatience sont moins excitées et surtout on sait mieux différer les désirs et les plaisirs. Cela est valable pour les sages. Les dissipés ou les cancres auront du mal à l'entendre.

Changer son fusil d'épaule pour ne pas finir seul

> « *En voulant, on se trompe souvent. Mais en ne voulant pas, on se trompe toujours.* »
>
> Romain ROLLAND

Le temps et l'expérience doivent nous aider à trouver ceux ou celles qui nous conviennent… le moins mal, diront les pessimistes, le mieux diront les optimistes. Mieux se connaître doit permettre un choix de partenaire plus pertinent. Un partenaire qui convient. « Je sais par expérience… », « Je connais mes limites, mes seuils de tolérance, mes frustrations et mes angoisses ». L'expérience et la connaissance avons-nous dit rendent réaliste.

En parlant de son nouvel ami, Ève avoue : « Je peux l'aimer. » L'expression peut surprendre. Elle a choisi pour compagnon un homme gentil et fou d'amour qu'elle s'efforce d'aimer… Il est très différent de l'amoureux qui l'a précédé, indécis, distant, parfois cruel. Ce dont elle a beaucoup souffert. Cette liaison nouvelle après une séparation douloureuse est pour elle : « Un répit de passion. Je n'ai pas des sentiments aussi intenses mais je ne quitterai pas ce nouvel amour pour le précédent, même s'il se manifestait à nouveau et promettait la lune, car je sais qu'il ne changera pas et que je perdrais cette douceur et cette sérénité que me donne mon nouveau compagnon... » Sagesse, lorsque l'on a été échaudée, voire ébouillantée, de renoncer à l'amour fort et tortueux ? Ève n'est plus candidate à la souffrance. La passion repassera-t-elle par là ? Nul n'est à l'abri.

Comme notre Félix, le héros de *Quatre mariages et un enterrement* voit ses amis convoler les uns après les autres. « À force d'attendre l'amour idéal, on finit par passer à côté de l'amour » est le risque encouru. Combien de mariages de guerre lasse ? Les fringants célibataires, rattrapés par l'horloge et la peur de finir seuls se décident à « se caser ». Le mariage avec l'ami(e), bouée de sauvetage n'est pas rare. Mais après tout, épouser son meilleur ou sa meilleure ami(e) n'est pas forcément une mauvaise idée. Épouser la jolie cousine que l'on vous met dans les pattes lors d'une fête arrangée non plus. Faire un mariage d'autrefois. Au fait, n'avez-vous jamais essayé de marier votre chère amie à l'un de vos chers parents ? Ne dit-on pas que c'est ainsi qu'un de nos anciens présidents a trouvé sa belle ! Mariage d'amour, mariage d'argent, j'ai vu se marier toutes sortes de gens, chante le poète. Pas de scène de ménage passionnée en vue, il suffit de bien vérifier les conditions de départ. Une entente raisonnée fait un bon contrat. Sauf si Cupidon un jour en embuscade... vous connaissez la suite ! Et le bon ami ou la bonne amie vous fausse compagnie ! Ou bien c'est vous qui partez !

Changer ses priorités

On connaît l'histoire du bocal et des cailloux qui est la panacée un peu naïve des stages de développement personnel. La métaphore est intéressante. On dispose d'un bocal dans lequel il faut faire entrer de gros cailloux, du gravier, du sable et de l'eau. On voit par expérience que si l'on place le gravier et le sable en priorité, il ne restera plus suffisamment d'espace pour faire rentrer les gros cailloux, alors que si l'on procède par ordre en commençant par introduire les gros cailloux, puis le gravier, puis le sable et enfin l'eau, tout pourra rentrer dans le bocal. Ainsi la leçon à tirer est qu'il faut bien choisir ce que l'on va mettre en premier dans le bocal ! Si l'on omet d'y mettre les choses essentielles d'abord... et que l'on se laisse détourner par des occupations secondaires, par ces broutilles que sont le gravier et le sable, nous n'aurons plus de temps à consacrer à des occupations majeures, ou à des relations essentielles. Si nous nous organisons mal, si nous nous laissons dévorer par des plaisirs futiles pour ne pas s'occuper de l'essentiel, ce dernier restera en souffrance. « J'ai oublié de vivre » chante notre Johnny national, j'ai oublié de vivre parce que je me suis perdu.

Encore faut-il réfléchir à quel type de gros cailloux on veut faire entrer dans le bocal et à ses priorités actuelles car le temps peut les faire changer à tout moment.

Si la priorité d'aujourd'hui est de réussir son couple, ou de vivre une histoire d'amour qui dure, il faudra mettre en premier ce caillou-là dans le bocal. Même s'il y a ensuite moins de place pour les autres gros cailloux...

C'est ici que la métaphore devient parfaite... c'est la loi des cailloux ! On ne peut pas dire à son cher amour : « Ce soir je vais au cinéma avec Annick... Demain, au théâtre avec Andréa... Après-demain à la piscine avec René... et je vais samedi déjeuner chez ma mère ! Je suis très occupé. » Le cher amour risque alors de vous rétorquer : « Si tu as un peu de temps pour moi, on se verra peut-être l'année prochaine. Je t'appellerai alors, si je n'ai pas perdu ton numéro. Bye ! Bye !!!! »

À vous de choisir. Il arrive que l'essentiel d'aujourd'hui ne soit plus celui d'hier. Il peut arriver que les paroles du cher amour ne vous émeuvent plus, parce que justement, maintenant vous préférez aller au cinéma avec Annick. Prenez ainsi conscience de votre désir : si vous avez autant de projets en dehors de votre cher Jules, c'est que vous vous amusez plus avec les autres qu'avec lui ! Il se peut aussi qu'au fil du temps vos priorités changent. On peut par exemple avoir privilégié son travail, négligé sa vie privée, puis un jour, parce que notre besoin de relation intime prend le pas sur notre carrière, souhaiter inverser la vapeur. Point de jugement de valeur entre ces deux choix. Point de gradation. Laquelle est essentielle ? Nous ne répondrons pas... À chacun d'en décider.

Nous nous contenterons d'affirmer que réussir sa vie privée est souvent plus difficile que de réussir sa vie professionnelle. C'est pourquoi celle-ci est parfois un refuge ou une vitrine. Pour réussir sa vie professionnelle, il suffit parfois de se lever tôt et de travailler assidûment. Pour réussir sa vie privée et sentimentale, il faut se lever de très bonne heure ! Y accorder beaucoup de soin, d'attention, d'écoute, faire preuve d'une intuition rare et sans garantie de résultat. Parce que s'entendre et aller de concert à deux est plus difficile que de rouler pour une multinationale.

Le livre (aussi simplissime que la loi des gros cailloux !) *Le diable s'habille en Prada* [9] et le film éponyme, heureusement sauvé par la prestation de Meryl Streep, a eu le mérite de confirmer que tout réussir est un challenge difficile. Bien sûr que dans le cœur de pierre de la pédégère vit un ange fragile qui pleure sa solitude. Ce problème est même devenu le souci essentiel des femmes de notre époque. Il est tout à fait lié à la question de la fidélité à soi-même tout court… et par extension à la fidélité à soi-même en amour !

Amour ou travail ? À qui le soi-même doit-il sacrifier ? *That is a good question*. Le milieu qui nous a vus naître, l'éducation que nous avons reçue, notre niveau d'études, l'intérêt que nous portons à notre autonomie financière [10], le plaisir que nous procure notre métier peuvent peser lourd dans la balance du choix amoureux. Surtout quand l'amour rosit. Il se peut aussi que les plaisirs du magnifique poste, arraché de haute lutte, jaunissent avec le temps et les changements que celui-ci ne manquera pas d'ajouter : responsabilités accrues, déceptions et échecs, enfants laissés aux soins des nounous, conjoint entraperçu…

Sans être spécialistes, nous entendons dans nos antres de psys de plus en plus de personnes qui n'aiment plus leur travail et regrettent d'y avoir laissé la peau de leur amour. La question est bien alors de se retrouver, de remettre en place les valeurs que l'on souhaite privilégier et de relire sa copie. L'exercice est souvent utile. Surtout quand on a tout fait pour avoir cette fameuse place, tant vantée par papa, maman et le corps social réunis : des études, des compromis, des nuits de réflexion, des nuits d'angoisse. Comment échapper au mécontentement que vous allez soulever et les décevoir maintenant en leur racontant que finalement vous préférez roucouler et applaudir les succès de votre grand amour plutôt que de réussir vous-même. Ils parleront de sacrifice, d'imbécillité. Ah, comme c'est dommage de gâcher ainsi de telles capacités… et de vous ennuyer avec vos pots de confiture ! Ce petit paragraphe n'est pas uniquement réservé à nos lectrices. Nos lecteurs sont concernés depuis la nouvelle répartition des tâches et les difficultés qu'ils rencontrent au sein de leurs propres entreprises. Eux aussi peuvent avoir envie de se recentrer autour de ce qu'ils considèrent, à l'instant donné, comme primordial : leur amour et leur famille. C'est que le temps ne peut être gaspillé parce qu'il est compté ! « Si j'avais su… j'aurais pris ma décision plus tôt » est toujours de mise. Et l'impression d'avoir gâché son temps à ne pas la prendre aussi ! Les psys ont beau répondre que le temps n'est jamais vraiment gâché, l'amertume et les regrets ont la vie dure.

La fidélité à soi-même en amour ne peut être envisagée qu'avec en toile de fond notre finitude. La mort est l'obstacle auquel nous nous heurtons et qui nous oblige au bilan. Je sais que je vieillis et que je dois mourir. Je sais que je ne peux ni tout avoir, ni tout faire.

CHAPITRE 6

Le mouvement perpétuel

« *Homo sum*. Traverser le tumulte, la rumeur, le rêve, la lutte, le plaisir, le travail, la douleur, le silence. »

Victor HUGO

Fi du pessimisme et de la nostalgie ! Plus simplement, il faudrait accepter que rien ne vienne arrêter la valse ininterrompue. Amour toujours, amour passion d'un jour… Ensemble, séparés, toutes les expériences amoureuses sont bonnes à vivre.

Toutes les expériences amoureuses nous révèlent

On apprend beaucoup sur soi-même en expérimentant. Suis-je encore moi-même après une relation, ou suis-je devenu autre ? Toutes nous dévoilent une part, une facette de soi. Elles nous font avancer dans ce fameux : « Connais-toi toi-même » dont nous rabâchons la nécessité depuis bien des pages.

L'amour est un voyage, disions-nous. Il arrive aussi qu'il produise un choc entre deux continents totalement dissemblables. Pensons à ce charmant roman de Katarina Mazetti, *Le Mec de la tombe d'à côté*[1], où le miracle de l'amour se produit entre la délicate intellectuelle et l'agriculteur rustaud (façon *L'amour est dans le pré*, cette émission de téléréalité française qui bat des records d'Audimat !). Ou au contraire, au contact d'univers différents du nôtre, nos goûts peuvent changer et d'autres émerger. C'est alors la découverte d'appétences pour des domaines inconnus jusque-là que l'autre nous fait découvrir. Nous rencontrons un Pygmalion ou une Pygmalionne qui nous offre des possibles différents. Ainsi la casanière découvrira les joies des pentes neigeuses et le footballeur connaîtra toutes les subtilités que contient l'art baroque. Il vaut mieux alors être prêt aux bouleversements intellectuels et pratiques que peut causer le surgissement de ce nouvel amour. Ce qui suppose de bonnes capacités d'adaptation, mais promet des trésors de découverte et d'ébahissements. Du culot et de la curiosité aussi ! Dans le joli film de Stéphane Brizé, *Mademoiselle Chambon*[2], c'est Jean, garçon solide, maçon de son état, qui va tomber en extase devant la musique de l'institutrice. L'étrange rencontre lui ouvre un monde jusque-là inconnu et des émotions superbes. Comment éviter ensuite de tomber amoureux de celle qui joue si bien Bach ou Schubert ! Au moment de la rejoindre, son sac de voyage à la main, il tremble pourtant et rebrousse chemin ! Jean n'osera pas. Souhaitons qu'il conserve l'amour de la musique et ce si joli souvenir.

On a dit Cupidon est un coquin, il s'arrange parfois pour faire rencontrer un homme et une femme qui ne partagent pas les mêmes centres d'intérêt ou un mode de vie commun, qui peuvent être d'un milieu social différent et parfois d'une génération différente. C'est même parfois les contraires qui s'attirent. Le jeu est plus compliqué, et c'est tant mieux !

Les joies du labyrinthe

Si vous êtes prêt à remettre en cause ce que vous vivez pour d'autres aventures plus pittoresques, si vous souhaitez toujours faire du neuf avec le savoir que vous a donné le passé, c'est votre droit. En principe ! Sachez pourtant qu'il y aura de la casse et du tracas pour vous et vos proches.

Nous avons trouvé l'exemple littéraire adéquat, pour illustrer nos propos, dans un roman de Franz-Olivier Giesbert[3].

Pourquoi lui ? Eh bien, parce que l'auteur a su mettre en mots l'histoire de la quête du grand amour-toujours avec ses chausse-trappes et qu'il a suffisamment de recul pour en rire et nous amuser à ses frais. Puis à vrai dire, parce que le cas d'Antoine, son héros, est un excellent condensé des problèmes qu'on nous fait partager dans notre métier de tous les jours.

Antoine est un de ces puristes, à la recherche perpétuelle du grand frisson. Il le proclame : « Même quand j'étais heureux en ménage, ce qui fut souvent le cas, je continuais à rechercher le grand amour, celui qui, selon Spinoza, constitue un accroissement de nous-mêmes. » Bien, et si Spinoza en est persuadé, lui qui pense que l'essence même de l'homme est le désir d'être heureux, nous sommes sur le chemin qui doit mener au bonheur !

Ce qui ne l'empêche donc pas de se marier… apparemment en attendant. De s'y trouver bien… ou pas si mal, de faire des enfants et de se séparer quand il croit avoir trouvé mieux ! Un clou chasse l'autre.

Donnons-lui un bon point pour cette adaptation provisoire qui permet de bien vivre en espérant l'ailleurs-meilleur-tant-souhaité. En attendant donc, passent « Cindy, l'intellectuelle américaine marxiste », puis Béatrice et Anne Élisabeth les vraies épouses, plus quelques aventures. Notre homme goûte les femmes ! Quand enfin, arrive l'imprévisible et le tant-attendu coup de foudre : « Elle était assise au troisième rang… Je sus tout de suite que je la connaissais et qu'elle me connaissait. C'était elle. Plus je la regardais, plus je comprenais que c'était elle. »

Voici une bonne définition du coup de massue, avec ce qu'il contient de brusqueries et d'assurance. Ces composantes dont nous avons dit dans les premières pages qu'elles étaient toujours au début de l'histoire d'amour : reconnaissance et certitudes ! Pourquoi ce samedi 2 juillet et pourquoi justement à cet instant l'accroissement de soi-même de Spinoza lui tombe dessus, reste un mystère poétique. « En observant la fille aux cheveux d'or, je m'accroissais. Je m'élevais aussi. Je dévidais l'histoire de l'hérésie vaudoise, quand une autre voix murmura dans ma tête : “je l'aime” J'étais dans un état de panique totale, le front et le cou dégoulinants de sueur. »

Vous souriez lecteur averti si vous avez connu cette transe ? Peut-être alors n'êtes-vous pas étonné qu'il écrive quelques jours plus tard ce genre de lettre à sa dernière épouse.

« Chère Anne Élisabeth. Je t'aime trop pour te mentir. Il n'y a plus rien entre nous, rien que de la routine et de la tendresse qui sont les deux pires ennemies de l'amour. Même si ça me déchire le cœur, je crois qu'il est temps pour nous de prendre du recul, pour bien nous quitter[4]. » Reconnaissons que c'est un bon modèle qui ressemblerait presque à cette lettre de rupture culte que Madame de Merteuil dicte au séducteur Valmont pour qu'il rompe avec sa dernière conquête : « Je n'y peux rien mon ange, écrit-il, car on s'ennuie de tout, c'est une loi de la Nature ; ce n'est pas ma faute[5]. » Elle en appelle cruellement à cette fameuse honnêteté qui bannit le mensonge quand on s'aime et qui établit la règle de cette fameuse fidélité à soi-même. Ne pas mentir par respect pour l'Autre, ou parce que le plaisir et le désir se déplacent ailleurs et que le « moi d'abord » prime. Un cas d'école que cet Antoine qui refuse que routine et tendresse soient les bons ingrédients du couple !

Hélas ! le cas d'école va aller lentement à sa perte et l'espoir s'égratigner à la dure réalité. Le mariage et le bonheur avec Isabella dureront le temps de faire quelques enfants. « Nous formions ce que les psychanalystes appellent un couple thérapeutique. D'un côté, j'étais le patriarche, le protecteur et l'infirmière, d'un autre côté, elle était mon professeur de bonheur et ne songeait qu'à me couper du monde qui menaçait de m'envahir encore. Jusqu'à ce jour horrible où Isabella décida que c'était fini entre nous. »

Parce que cet Antoine n'avait pas accordé à ce couple assez de temps ou suffisamment d'intérêt, Isabella s'est lassée.

Antoine écrira deux cent sept lettres pour récupérer son grand amour. En vain. Entre-temps, il soignera son cancer, méditera sur les causes du désamour d'Isabella, se perdra en hypothèses. « Je suis trop vieux, je suis fini. » Surveillera courriels et téléphone pour découvrir le rival. Ne trouvera aucune réponse, sauf que « l'amour ne se décrète pas » et qu'on n'empêchera jamais le grand amour de vous quitter s'il le désire !

Que penser de ce cas ? Pour l'heure et avant nos conclusions… qu'Antoine est pour nous un exemple d'infidèle intéressant. Ni mensonge, ni tromperie, mais que de dégâts.

– Quand il aime ailleurs, il rompt rapidement, puis épouse la nouvelle élue. Bien entendu l'ex-épouse doit se consoler et se débrouiller avec la peine que lui cause la franchise de l'ex-époux. Toutefois, elle ne peut l'accuser d'être fourbe !

– Il paie le prix de ses audaces de multiples façons : railleries des enfants devant son instabilité, mépris à peine voilé des précédentes épouses, pensions alimentaires et pour finir trahison d'Isabella, le fameux grand amour qui, à sa façon, est aussi un bon modèle de franchise et de fidélité à soi-même.

« J'ai bien réfléchi Antoine. Nous ne sommes pas faits l'un pour l'autre… nous l'avons cru, mais c'était une illusion. Une illusion qui a duré six ans [6]. »

Dire encore, pour compléter notre propos, que le livre se termine quand Béatrice, la seconde épouse, lui conseille de voir un psy et de soigner son instinct de consommateur et de prédateur ! Nous ajouterons encore qu'il doit soigner son immaturité, son égocentrisme, revoir ce qu'est aimer vraiment et se savoir mortel. Par aimer vraiment, nous entendons : aimer l'Autre et non l'émotion que l'autre nous cause. Ce qu'il comprend d'ailleurs confusément : « Je me suis trouvé alors qu'il est presque trop tard. C'est juste quand on a appris à vivre qu'arrivent à maturité les arbres qui feront nos cercueils. » Nous ajouterons confiantes : quelle belle vie, que celle qui essaie, croit, se trompe, se reprend. Et encore que les regrets sont inutiles quand l'histoire est finie. Car il ne faut rien renier de ce que l'on a vécu : dans une vie tout est soi. Le pire et le meilleur.

Quand nous décidons de vivre une histoire d'amour, une partie de nous y trouve son compte. Même dans celles qui, quand nous récupérons une once de lucidité, nous semblent sans queue ni tête. Ce que j'ai choisi à un moment donné, dans un temps défini, était probablement la meilleure solution possible pour moi. Voilà pourquoi les divorcés ne doivent pas renier leur engagement et, passé la juste colère qui entoure le temps de la séparation, revenir vers un apaisement de bon aloi. C'est ainsi qu'on distille l'idée aux enfants pour les rassurer : « Au début, quand vous êtes nés, nous nous aimions. Maintenant nous ne nous aimons plus, mais nous avons beaucoup de respect l'un pour l'autre et pour ce que nous avons vécu ensemble. » Dont acte ! Nous insistons, car rejeter son passé est dommageable. Bien entendu, nous traitons là de cas ordinaires. Nous supposons bien que dans certaines situations conflictuelles, le mal que chacun peut faire à l'autre est immense et quelquefois ne se satisfera pas d'un pardon.

Toutes nous enrichissent… Même les perverses ?

Oui, parce que toute nouvelle expérience nous apprend à ériger la défense qui nous faisait défaut, parce qu'elle nous mène à plus de connaissance de soi, à plus de lucidité et de vigilance pour la prochaine histoire. Sauf si vraiment on y a laissé toutes ses plumes et si on est mal tombé. Mieux vaut être informé sur l'existence et sur la manière de procéder de ces personnalités perverses et manipulatrices dont nous avons déjà parlé dans la seconde partie. Savoir, dans un premier temps, qu'elles existent bel et bien, qu'elles sévissent dans la vie de tous les jours, qu'elles emploient toujours la même stratégie de conquête et n'ont qu'un même et seul objectif : la destruction de l'autre. D'où l'intérêt de les reconnaître dès les premiers signes. Les ouvrages à ce propos ne manquent pas. À bon entendeur, salut !

Ensuite, on peut effectivement se demander pourquoi on a supporté cette tyrannie, pourquoi même on l'a choisie un beau jour sans allumer les petits clignoteurs qui nous servent d'intuition. Les pervers et autres tordus malfaisants flairent les victimes et ne se hasardent qu'avec elles. Ont-ils un sixième sens qui les pousse vers les masochistes en peine de torture ? Probablement. La plupart du temps, ils font leur lit dans la crédulité de l'autre. Ne croyez pas, lecteurs, que cette sinistre activité soit réservée aux seuls hommes. Certaines femmes s'y adonnent avec acharnement. Les ingrédients sont toujours les mêmes. Le pervers (ou la perverse) appâte, complimente, charme les Narcisses, tellement imbus d'eux-mêmes qu'ils sont bonnes poires, puis il (ou elle) sape petit à petit les bases mêmes de ce narcissisme fragile et détruit, comme fait l'enfant méchant avec les ailes de l'insecte. On pense d'habitude que les esprits fragiles ou influençables sont leurs cibles préférées. En fait, ce n'est pas toujours vrai. Il aime aussi les difficiles victoires obtenues auprès des fortes têtes, car c'est la résistance rencontrée et la difficulté à gagner qui rend la victoire plus belle. Jusqu'à l'hallali !

Pour votre salut, échappez-vous. Soyez attentifs, car il se dévoile petit à petit. Il sait être patient et rusé.

Les élèves qui n'apprennent rien ou ne retiennent rien des leçons précédentes sont rares. Nous laisserons-nous tenter ensuite par un nouvel essai si l'on ne croit ni à la bonté des fées, ni au coup de foudre (plutôt aux coups !), quand on en a tellement bavé ? Ferons-nous à quarante ans ce que nous ferions à vingt ? Certains seront casse-cou en prenant de l'âge. « Après tout qu'est-ce que je risque, après avoir vécu tout ce que j'ai vécu ? »

D'autres deviendront frileux. Les espérances déçues et les coups reçus peuvent les dissuader de se risquer encore. C'est parfois dommage, car coincés dans leur désespoir, ils risquent de passer à côté de l'embellie. Le nouveau prétendant pourrait ne pas comprendre leur trouille et se lasser de patienter sur le palier ! Souhaitons qu'il possède suffisamment de pugnacité pour leur redonner le sourire et faire flamber l'envie qui, malgré ce que l'on dit, est un bon péché !

Envie, espoir, courage : voilà les bons ingrédients pour réessayer encore. Ah, le bon conseil direz-vous, mais comme il est inutile quand on est sceptique, voire désespéré ou assommé ! Profitons du moment pour vous avouer que nous savons bien qu'il ne suffit pas de vouloir pour pouvoir... et que les conseils, même ceux des psys, ne servent qu'à ouvrir une porte que vous devrez franchir vous-même. La vérité est qu'il faut, si vous êtes abattu et prêt à renoncer à être *heureux*, réfléchir à toutes les composantes qui vous ont mené là. Peut-être arriverez-vous à des conclusions étonnantes ! Peut-être même conclurez-vous que c'est une voie qui a du sens, et que la solution pour sortir de votre déprime est d'en comprendre les raisons. La représentation que nous avons de la réussite du bonheur ou de l'échec est liée à notre histoire. C'est elle qui possède la plupart des réponses, c'est donc elle qu'il faut interroger. Elle vous dira des choses simples que vous allez vite associer avec vos comportements. Que depuis toujours, par exemple, vous n'avez jamais eu confiance en votre jugement parce qu'on ne vous a guère permis de vous exprimer. Que vous avez de l'amour une vision négative parce que vos proches vous ont laissé douter que vous étiez très aimable. Que l'exemple de vos parents, de votre mère, ou votre père, ne vous aide pas à considérer la sexualité comme un vrai plaisir. Que vous préférez ne pas prendre de risques parce qu'un vilain génie vous dit que vous allez *encore* échouer… Nous pouvons allonger la liste des possibles indéfiniment. En revanche, nous assurons que qui cherche trouve, avec le petit bémol : trouver n'est encore pas suffisant. Regardons les sportifs, les danseurs, les musiciens et vous-même ! Que font-ils pour être performants : des gammes… ils s'entraînent encore et encore… C'est ainsi qu'il faut faire, garder sans cesse les mains dans la farine ! Et peut-être bien un jour pousser la porte d'un de ces spécialistes qui savent si bien vous écouter. Enfin, pour ne plus tourner en rond tout seul.

Peut-on rester dans le fantasme ?

Voilà qui convient à certains déçus, au moins en apparence. Là, point de question, ni de tourment. « Je ne laisse entrer personne, je ne laisse personne m'approcher. » Nul danger dès lors pour ces célibataires de principe. Si on ne prend pas le risque de la rencontre, on ne prend pas le risque de côtoyer et de se confronter à l'Autre. On ne tente pas l'aventure humaine et parfois on préfère les animaux. On achète un chien ou un chat en proclamant bien haut qu'eux au moins ne trahissent pas. Ce qui est touchant, mais par défaut. Touchant et souvent un peu ridicule quand la bébête devient mon bébé et prend toute la place sur le canapé.

Ou bien on rêve tout éveillé à la *possibilité d'une histoire d'amour*. Nous avons déjà vu plus haut les excellentes possibilités qu'offrent les sites de rencontres sur le web. Nous savons que l'on peut y broder une histoire rocambolesque et trouver le partenaire aussi rêveur que soi, avec qui dialoguer. Que certains correspondent pendant de longues périodes, sans jamais souhaiter se voir. Ainsi Amélie qui a entretenu, pendant six bons mois, un amour virtuel et érotique avec son correspondant et qui s'est cachée lors du premier rendez-vous. Le futur à la jolie figure était à l'heure dite au bistrot du coin. Prise d'une soudaine panique, elle a tourné les talons. Le soir suivant, Amélie a fermé son ordinateur. « Moi je rêve mes amours comme une petite fille. Ainsi, elles sont toujours belles et ne finissent jamais mal. » Pas d'entourloupes possibles évidemment. Pas abandonnée, pas trompée, pas touchée, pas coulée !

Nous lui avons fait remarquer qu'elle ne voulait certainement pas d'un vrai compagnon. « Ben oui, a-t-elle rétorqué. Je ne supporterais pas une vie quotidienne qui m'obligerait à ranger les coussins, à faire le petit déjeuner tous les matins et à préparer le repas tous les soirs. » Inutile de dire à Amélie que ce ne sont là que des prétextes infantiles et que parfois ces tâches sont partagées, ou pèsent peu… En revanche, lui dire qu'elle a trouvé sa voie : celle du rêve. Et son mécanisme de défense : la fuite.

Mieux encore, ces sites où l'on fait ou refait sa vie à sa manière. L'un des plus étranges et déjà bien connu[7] annonce clairement son but : « Second life ». Il vous permet, après avoir choisi votre avatar, de construire votre vie rêvée. Votre avatar est votre fantasme en tout point, votre Pinocchio, votre création. Nous avons beaucoup ri lorsque, lors d'une séance de travail, la conférencière qui nous présentait ce jeu nous a avoué, avec beaucoup d'humour, comment elle avait construit le sien en tout point différent de ce qu'elle est réellement : une grande jeune femme brune… Qui devient, par la grâce de son choix, une poupée blonde. Ce qui suppose une drôle de fidélité à soi, quand déjà on se construit un autre physique. Renie-t-on le sien par curiosité ou par goût de la fiction, reste l'énigme à résoudre. Notre conférencière n'était pas dupe du sens de cette transformation !

Devenant votre avatar, il ne vous reste plus qu'à inventer votre histoire d'amour, les lieux où vous allez la vivre, et enfin à la conduire comme vous la souhaitez. Schizophrène, disait la salle. Comment reconnaître ensuite le virtuel de la réalité ? Eh bien voici de nouvelles donnes d'une pratique dont il faudra bien analyser et intégrer les effets.

La fidélité à sa peur de vivre sera-t-elle une problématique de notre siècle débutant ? Où fixerons-nous la limite entre normalité et pathologie ? Qui dictera les règles de bonne conduite, et qui sait si votre avatar ne va pas vous aider à mieux vous connaître et pourquoi pas à mieux vous aimer ? Y aura-t-il une morale qui interdira de passer des heures à se confondre avec son avatar, plutôt que de hanter les boîtes de nuit ou les trottoirs à la recherche de sa moitié ? Nous vous laissons mener vos propres interrogations.

Le seul danger devant son ordinateur est de tourner autour de son nombril pendant que le temps tourne. Mais en l'ayant choisi.

Plus élégant est de *sublimer*. Tomber amoureux d'une œuvre d'art ou d'un peintre de la Renaissance, écrire des romans qui parlent d'amour, écrire le livre dont vous êtes le héros sont autant de solutions. Vous vivrez, au moins par procuration, des aventures sans les dangers associés. Nous ne faisons rien d'autre quand, vibrant d'émotion, nous poussons la porte du cinéma ou du théâtre. Pendant la séance, nous confrontons, comparons l'histoire qui nous est contée avec la nôtre. *Communiquer avec le reste du monde*, si ce n'est avec notre partenaire est un début de thérapie.

Ni loque, ni toute-puissance

Encore ce casse-tête du juste milieu et du compromis, chers aux doctrinaires psys ? Et pourtant, pour l'équilibre d'une relation, qui niera qu'il faut une alternance sympathique afin que les pouvoirs de chacun dans le duo soient partagés ? Chacun selon son domaine d'excellence et parfois à tour de rôle. Plus rien ne va quand la balance penche toujours du même côté et quand s'installe un rapport dominant /dominé... Retour à nos amours perverses...

Nous voilà tout de même au cœur d'une question importante : celle du *rapport de force en amour*. Pour que deux entités, dont nous avons noté les différences, se rencontrent et arrivent à s'aimer sur le long terme, il faut du tact, de l'esprit, du respect, de la curiosité. Quel plaisir y aurait-il à vivre avec son clone ? Nous l'avons dit, un homme n'est pas une femme et *vice versa*. Tous deux ne peuvent que s'enrichir en se confiant mutuellement ce qui les sépare. On voit souvent des femmes très autonomes, très indépendantes, ou des hommes bien intégrés, gâcher toutes leurs histoires d'amour parce qu'ils se livrent à une guerre ridicule contre le sexe opposé. Guerre, dont ils ne comprennent souvent pas les vraies raisons, qui sont faites d'héritages confus, de proverbes entendus, de maximes répétées, de principes. De tous ces clichés que nous avons dénoncés précédemment. Ainsi on peut entendre que certaines n'aiment pas les hommes ou du moins qu'elles ne les aiment pas comme ils sont actuellement ! Elles se lamentent et se plaignent parce que « aucun homme aujourd'hui ne tient la route »... Madame mère l'a répété toute sa vie, les copines le pensent aussi. Ces messieurs, eux, n'aiment pas les femmes, parce qu'elles ont toutes les mêmes défauts. Certitudes absurdes, misogynie, incompréhension, souvenirs de mauvaises expériences, excuses avancées... On peut à juste titre se demander quelle pathologie se cache là-dessous et si la fidélité à soi-même ne doit pas se réinterroger courageusement !

Elle découvrirait certainement quelques failles quant à la nécessaire empathie que doit éveiller notre Autre, et peut-être mettrait au jour un égocentrisme envahissant. La thérapeute Sylvie Tenenbaum parle du syndrome de la fée Clochette[8], en écho au syndrome de Peter Pan. Elle décrit fort bien ces femmes brillantes, performantes, manipulatrices, expertes à séduire les hommes en leur jetant de la poudre aux yeux. Toujours insatisfaites, et secrètement en colère, elles les font fuir une fois la poudre retombée... Ce profil est la mode depuis que les femmes osent se rebeller. Les nouveaux schémas de pensée, la querelle entre féminin et masculin, produisent parfois des attitudes extrêmes et des positions agressives qui n'aident en rien la bonne cause. Détester les hommes, ou mépriser les femmes, ne règle pas la question de l'altérité et n'aide pas l'amour à croître. En revanche, quid de la fidélité à soi-même... Pouvons-nous, dans ce cas précis, oser la qualifier de narcissique ?

Les louves

S'il ne faut pas devenir la serpillière de l'autre, il faut aussi éviter de devenir son bourreau. Or, on peut être un bourreau en aimant trop ou trop mal. Beaucoup de Belles du Seigneur en puissance, belles, intelligentes et aisées financièrement, essuient des échecs amoureux car elles se laissent mal aimer. Elles déplorent qu'aucun homme ne s'occupe d'elles, et de ne pouvoir en prendre soin.

Dans son essai, *Les Femmes mal aimées* [9], Mariela Michelena montre que malgré l'évolution de la condition féminine et la fin de la subordination économique et sociale à l'homme, la manière féminine d'aimer reste souvent inchangée. Beaucoup de femmes aiment de manière exagérée, à la façon d'une mère toute-puissante. Cette inclination à trop aimer est directement liée à la maternité. Il y a des femmes disposées à exercer le dévouement inconditionnel qu'elles réservent normalement à un bébé. On entend parfois : « J'ai trois petits enfants, et un quatrième : mon mari. » La chose s'accentue parfois quand le couple vieillit et, là encore, qui n'a jamais entendu le mari nommer son épouse « maman ». Comme sur ses petits, maman veille à la prise du médicament et infantilise le pauvre homme. L'inverse est possible. Monsieur, à la retraite, prend en main les affaires financières, se transforme en comptable-gestionnaire et conduit la voiture. Aldo Naouri nous entraîne dans un autre univers : les femmes seraient difficiles à contenter parce qu'elles ont peur de la perte de l'amour et sont donc toujours en demande. « Alors que l'homme vit dans la peur de la perte de son sexe, la fille vivra tellement dans la peur de la perte d'amour, et en particulier de l'amour de sa mère, qu'elle ne se sentira jamais assez aimée [10]. » Cette peur inconsciente projetée sur l'histoire d'amour viendrait donc d'une mauvaise relation construite avec sa mère dans l'enfance.

Se trouverait-on devant les pires contradictions ? Les femmes autonomes d'aujourd'hui s'égarent-elles dans des traverses dangereuses d'abus de pouvoir ou plus vulgairement confondent-elles l'amour maternel abusif et l'amour respectueux ? Les hommes reprendraient-ils en vieillissant le machisme oublié ? Nous rappellerons, à ce propos, qu'exiger trop de l'autre mène à la toute-puissance et qu'aimer démesurément étouffe celui que l'on veut aimer. Dans les deux cas, la fidélité à soi-même en amour est encore malmenée : un amour excessif ne peut satisfaire celui qui le reçoit ni celui qui l'exerce. Un amour excessif étouffe et fait fuir à plus ou moins longue échéance. Tout le monde sait les dangers de la prison dorée ? Même si je suis comblé, si toutes mes envies sont satisfaites, je veux rester libre. « Je lui ai tout offert, il ne lui manquait rien, pourquoi m'a-t-il (elle) quitté(e) », telle est la grande souffrance de celui (celle) qui n'a pas compris que donner n'est pas forcément aimer.

Et si c'était vrai, que rien n'use l'espoir amoureux ?

Dans le film *L'Amour et rien d'autre* de Jan Schomburg, sorti en 2012, l'amour est le fanal qui existe vraiment et qui justement résiste au temps. Rien ne le réduit, rien ne l'use. Il est l'Amour en général, toujours renaissant de ses cendres. La morale de ce film est qu'un nouvel amour peut succéder à un autre : l'amour est une ligne continue ! Le contraire de ce que nous dénoncions quand nous dépeignions ces amours immortelles, menées par des veuves éternelles.

Marta a perdu son mari qui s'est suicidé dans des conditions troubles. C'était une sorte d'imposteur à la Jean-Claude Romand. Sans tarder, Marta remarquera cet autre homme parce qu'il ressemble au premier. Naïf et caricatural, direz-vous et vous avez raison, mais le message reste intéressant. L'amour peut toujours ressurgir. Qui ne connaît ces histoires vraies où une romance a suivi immédiatement une rupture amoureuse douloureuse : « Plus jamais je ne me laisserai aller à aimer de nouveau », confient les désespérés... Beau serment, oublié pour une aventure qui se révélera la meilleure des choses qui puisse advenir : l'espoir et le renouveau ! Les économistes appelleraient cela : rebondir.

Certes, entre deux aventures, les sages psys recommandent une période de retour au calme, voire de faire le deuil de la relation précédente. Oui-oui, mais comme l'amour n'obéit à aucune règle…, ils peuvent toujours prêcher.

CHAPITRE 7

La fidélité à soi-même en amour : tout ce qu'elle semble être, et son contraire

Nous l'avons compris, il est parfois très difficile de se respecter soi-même en amour, tant les émotions, les traces de l'enfance, toutes nos plaies sont présentes, et nous poussent à chercher réparation dans une histoire différente. L'amoureux ignorant l'histoire passée et ce que l'on attend de lui sera parfois bien ennuyé pour trouver la bonne réponse. À nous de bien savoir ce que nous sommes et ce que nous cherchons.

La fidélité à soi-même en amour, c'est ne pas outrepasser son seuil de tolérance

S'il fallait procéder par ordre, ce qui n'est pas aisé en la matière car il s'agit d'un tout, nous dirions que sur le chemin vers la fidélité à soi-même, il est crucial de (re)connaître ses limites, telles des bornes à ne pas franchir.

Je supporte de partager ma vie avec un homme ou une femme, ou je ne le supporte pas. Je m'en accommode ou non. Si j'en souffre et que je continue dans cette relation, alors je me nie et risque de perdre mon équilibre.

Hélas ! certains ont acquis une grande résistance à l'humiliation ou au mal-être et auront du mal à réagir. Je suis fidèle à moi-même si je quitte la relation qui met en danger mon équilibre. Je peux éprouver de la tristesse à la suite de ma décision mais elle est le résultat d'une négociation avec moi-même et j'ai évalué les possibles choix : rester en risquant de sombrer dans la dépression ou accepter de faire le deuil de la relation avec les étapes nécessaires et la souffrance qui en découlera inévitablement…

Je supporte de mentir ou non. Je supporte de faire semblant ou non. Certains considèrent que dès lors qu'ils ne désirent plus leur partenaire, ils doivent partir. D'autres qu'ils peuvent avoir plusieurs relations en même temps sans en pâtir… D'autres que ce n'est pas digne de mentir, de faire semblant. Au-delà de la valeur morale de la vérité et de la mauvaise presse du mensonge, c'est une question de confort, d'inconfort… Je me sens mal dans la trahison, en contradiction avec mes valeurs essentielles et intimes. J'éprouve des émotions négatives parce que je vis dans le mensonge. Tout ressenti est possible. Ce n'est pas une question de morale codifiée par la société. C'est une histoire à soi. Entre soi et soi.

Il arrive que l'on aille à l'encontre de son sentiment amoureux et de son désir parce que l'on pressent que la limite du supportable est atteinte. C'est pourquoi il ne faut pas confondre les sentiments et la relation. Je peux aimer une personne avec laquelle je suis incapable de vivre sans me mettre en danger. Si je me respecte, si je suis fidèle à moi-même, je dois m'en aller. Noémie aimait son homme qui le lui rendait bien…

quand il ne buvait pas. Elle a patienté, bercée par les promesses tenues puis oubliées souvent. Un beau jour, la mort dans l'âme, elle a dû partir. Cet homme sans son addiction lui plaisait bien. Il l'aimait très certainement, mais moins que l'alcool. Ni avec toi, ni sans toi est le plus grand des dilemmes.

La fidélité à soi-même en amour, c'est savoir ce que l'on veut (et ce que l'on ne veut plus)

Il arrive que l'on veuille aimer d'amour une personne qui n'en veut pas. S'en écarter dès lors que l'on ressent son indifférence est une chose sensée. C'est être fidèle à soi-même, c'est reconnaître qu'elle a le droit de ne pas répondre à votre demande. Certes la chose est dure à avaler. Il faut alors se demander pourquoi on choisit un tel être : parce que l'on se sent irrésistible, parce qu'on veut relever un défi ? Nous avons eu souvent l'occasion de débattre de tels problèmes lors de thérapies. En fait, on peut souvent constater que cet attachement est quasi pathologique. Lié à l'impossible défi. « Il est homosexuel, mais je saurai bien le faire craquer ! Elle est fidèle et amoureuse de son époux, mais je saurai la convaincre. ». Quitte à le harceler, car c'est souvent ce qui se produit.

Et le danger, pour tous ceux qui ne veulent pas voir la réalité qui s'énonce si durement, « Tu ne m'intéresses pas et tu ne m'intéresseras jamais », est de s'obstiner. À défaut si, réaliste et sage, on renonce à harceler le pauvre hère avec cet amour dont il n'a cure, on restera à jamais un ami-amoureux (secrètement) transi, pris au piège d'une vaine attente. Le phénomène est plus fréquent qu'on ne le pense. Surtout lors de ces aventures extraconjugales où l'on prend souvent les vessies pour des lanternes.

Si je veux, à plus ou moins longue échéance, faire couple avec un amant ou une maîtresse pris ailleurs qui affirment ne pas souhaiter se libérer de leur engagement, je ne suis guère fidèle à moi-même... Mon espoir sans raison m'empêche d'admettre que l'histoire ne se terminera pas comme je le souhaite et me maintiendra dans un leurre qui m'empêchera de tenter ma chance ailleurs.

La fidélité à soi-même en amour, c'est... être soi-même

Est-ce que je dois accepter de me plier aux stratégies de l'amour ? À la mode amoureuse actuelle. À toute cette carte du Tendre et du moins tendre ?

En amour, tout est possible. Je peux aussi faire fi des règles. Je peux m'abandonner, prendre le risque d'être sincère, sentimental, quitte à me faire rouer de coups... ou bien si c'est mon style... ne pas chercher à séduire, être un ours mal léché. Qui m'aime me suive ! L'essentiel est d'être soi-même... n'est-ce pas ? Nous avons vu où peuvent mener certaines stratégies si nous avons compris cette merveille d'analyse psychologique que sont *Les Liaisons dangereuses*, que nous avons déjà citées. Elles peuvent nous conduire au désastre.

Il y a des jeux auxquels il ne faut pas jouer au risque de se perdre. Que doit faire le sentimental fragile avec les dures réalités ? Trouver un sentimental comme lui ? Et s'il est attiré par un non-sentimental qui lui mène la vie dure, va-t-il déployer des stratégies qui ne lui ressemblent pas, feindre l'indifférence, refréner ses élans ? Être calculateur, chercher des conduites à tenir sur les manuels spécialisés en réussite amoureuse, prendre des cours avec le coach ? Peine perdue, car il ne tiendra pas la distance bien longtemps. Cesare Pavese confesse que « l'erreur des sentimentaux est non pas de croire qu'il existe de tendres affections, mais de faire valoir un droit à ces affections au nom de leur tendre nature. Alors que seules les natures dures et résolues savent et peuvent se créer un cercle de tendres affections [1] ». CQFD. La vie est mal faite ! Le masochisme entier. Le dur attire parfois le tendre. Est-ce que ce dernier se sentira alors protégé comme un enfant sous l'autorité paternelle ?

Le fou d'amour sentimental, lui, est un sincère. Il est fidèle à lui-même dans sa façon de concevoir son amour. Comme il s'inquiète très peu de l'autre, il raisonne entièrement enfermé dans sa bulle. Le consommateur de partenaires est lui aussi dans sa logique égocentrique… Son sexe au centre du dispositif le fait bander. Penser que ces caractères vont changer parce que vous arrivez dans leur vie est osé. C'est à chacun de se positionner face à chacun. Oui, mais encore… que signifie la notion de fidélité à soi-même en amour quand il semble qu'existent des règles immuables dont nous sommes les victimes ?

Il y a des natures faibles construites à la suite d'un vécu douloureux. Elles se révéleront dépendantes de la relation. Il existe des personnalités qui ne peuvent vivre sans la présence de l'autre. Il se peut que cette situation les mine, que leur santé en pâtisse, mais la relation passant avant tout, elles ne conçoivent pas de la perdre, quel que soit le prix à payer.

Nous entendons certains se questionner : ne sommes-nous pas toujours un peu dépendants en amour ? N'est-ce pas quelque part normal ? Ce manque ne procure-t-il pas d'ailleurs un certain plaisir ? N'est-il pas justement le signe de l'amour ? Cette dépendance en effet, la philosophe Arouna Lipschitz ne la stigmatise pas dans son ouvrage *La Voie de l'amoureux* [2]. Bien au contraire. Pour elle, il est simplement question de mesure. Si deux dépendants se donnent la réplique, la conversation peut être agréable, au moins un certain temps. Nous connaissons tous des couples qui se téléphonent des dizaines de fois par jour... même au supermarché pour savoir ce que l'autre désire ! Depuis l'avènement de nos téléphones portables, nous aimons ce fil qui nous relie les uns aux autres. Il n'est pas rare de continuer la conversation commencée en chemin, alors que vous voilà dans l'entrée de l'appartement, et qu'il suffit de pousser la porte du salon pour une vraie conversation en tête à tête avec votre conjoint. Quant aux conversations du supermarché pour savoir si la chérie préfère la roquette ou la laitue, elles sont filles de notre époque. L'essentiel est d'avoir un forfait illimité. Après tout, il n'y a rien de répréhensible.

La fidélité à soi-même en amour, c'est (aussi) la sincérité envers soi-même

La sincérité consiste à ne pas se leurrer soi-même et parfois à prendre des décisions coûteuses. C'est reconnaître que l'on a aimé mal ou trop, plus que soi-même, que l'on a été dépendant, que l'on est toujours dépendant, mais que l'on va y renoncer parce que la quête est intenable. C'est encore reconnaître le sens et la raison de ses attachements.

Ce questionnement aide à éplucher les contradictions, les dilemmes dans lesquels nous sommes pris. Quand l'émotion déborde la raison, la relation doit cesser. « Ce n'est pas de lui que je ne veux plus, dit Patricia, c'est de cet homme qui s'en va et me laisse sans nouvelles pendant des semaines. Je n'avais pas le courage de lui dire non je ne veux plus de toi quand il revenait, et je souffrais d'accepter de le revoir, car je savais que je ne devais pas. » Reprenons notre adage « ni avec toi, ni sans toi », il qualifie bien ce type de relation.

« Il fallait vraiment que je tienne follement à cette femme pour tenir une relation aussi difficile. Elle me prenait et me jetait comme un Kleenex », dit François. Cette acceptation lucide de son ressenti, sans jugement sur soi-même, est le début d'une prise de conscience qui est la base de travail pour réfléchir à ses failles et aux raisons de ces humiliations manifestes. On a tendance à penser que l'on plaît mal ou pas assez quand l'amant ou le mari nous délaisse. En fait, le problème est plus complexe et le comportement insupportable est souvent uniquement le fait ou la résultante du caractère du malotru. La personne mal traitée n'est ni responsable ni coupable de ces agissements.

Être sincère avec soi-même, c'est encore respecter et faire respecter son goût et son désir pour une sexualité qui ne regarde que soi et qui est un vrai choix. Pour l'avoir souvent entendu dans nos entretiens, nous savons combien il est douloureux de déclarer son homosexualité ou une sexualité différente. Encore plus difficile de faire respecter ce choix par ses proches. Le cercle familial n'est toujours pas décidé à entendre que son fils ou sa fille aime autrement. Ils mentiront et dissimuleront en souffrant. « Ma mère ne veut rien entendre de ma sexualité et de mon compagnon. Elle ne connaît de moi qu'une apparence, mais je romprais avec elle plutôt que de renier mon choix ». Voilà la conclusion courageuse d'un homme pris entre le conformisme idiot d'un parent intrusif, et sa vérité.

La fidélité à soi-même en amour, c'est (aussi) croire en l'amour

C'est croire en l'autre et en soi-même. Croire au meilleur de soi que l'on peut mobiliser pour l'autre. Et croire en l'autre. Ne pas partir sur des *a priori*, refuser tous les clichés que nous avons énoncés. La fidélité à soi-même en amour ne peut exister s'il y a des préjugés positifs ou négatifs. Fausse croyance, mauvaise appréciation de soi et de l'autre. Nous voilà revenus à la connaissance de soi et à la nécessaire clarté de notre jugement. À la fois fermer les yeux, à la fois les ouvrir ? Essayez de traduire « eyes wide shut ».

De quoi suis-je capable ? Du meilleur et du pire, a-t-on l'habitude de dire. Je sais que je suis capable de beaucoup donner et qu'une relation va me conduire à l'échange. Toute cette bonne volonté, tous ces talents, tous ces dons que j'ai, je vais les mobiliser pour l'autre. Cuisiner pour l'autre, le servir gentiment. Ah ! Le bonheur du café au lit du petit matin avec les croissants chauds ! On entend parfois : « Je ne sais si je saurai encore prendre soin d'un partenaire, m'occuper de lui, être capable d'attention, faire attention à l'autre. » Il se peut qu'une phase d'adaptation soit nécessaire pour les célibataires les plus endurcis, ou les grands déçus, blessés de l'amour, ceux qui ont été pillés et qui craignent, asséchés, de ne pouvoir plus rien donner. Mais l'amour fait des miracles. Croyez, croyez que le meilleur de vous est possible ! Le meilleur de l'autre vous aidera à le retrouver, à vous dépasser ou tout simplement à devenir ce que vous êtes : un être aimant.

Vous vous retrouvez fidèle à vous-même. Exit la peau de l'aigri, de l'atrabilaire, du pessimiste, du chagriné, l'être joyeux et généreux est retrouvé ! Celui que vous êtes, celui que vous attendez. Un homme ou une femme amoureux, un homme ou une femme heureux. Rédemption.

Tout ce qui paraît contraire à la fidélité à soi-même en amour

Rappelons-le : peut-on parler de fidélité à soi-même lorsque nos relations amoureuses sont le résultat de névroses acquises dans l'enfance au sein d'une famille dysfonctionnelle, quand on sait que l'élection affinitaire s'est faite en fonction d'une blessure en miroir, d'une infidélité, d'un abandon, d'une maltraitance ? Nous sommes toujours étonnés de voir se reproduire les mêmes schémas de comportement, alors que l'on a subi la souffrance qu'ils entretenaient.

C'est aussi une forme de fidélité à soi-même ou à sa famille que de retomber toujours dans les mêmes trous, les mêmes errances. L'absence d'exemple probant où l'amour rend heureux peut laisser démuni ou même désespéré avant d'y goûter. Dans les familles où la haine est palpable et les comportements excessifs, les enfants sont bien entendu les spectateurs de premier rang. Comment penser construire une liaison amoureuse épanouissante si votre père et votre mère se sont déchirés et si vous avez dû, vous le petit, vous interposer pour ramener un peu de bon sens à tant de folies, protéger vos parents de leur violence excessive. Scènes plus fréquentes qu'on ne l'imagine !

Et puis il faut, comme nous l'avons déjà dit, toute une éducation à l'amour qui vient tout naturellement de la reproduction de beaux mots et de belles attitudes. « Mon père respectait ma mère » laisse augurer une même attitude bienveillante à l'égard de toutes les femmes. L'inverse est hélas vrai ; un dénigrement permanent de la femme ou de l'homme se gravera aussi solidement dans la tête de l'enfant. Cela ne veut pas dire que nous tiendrons toujours la route de la perfection et du bon exemple, mais il faut au moins s'y essayer. Par respect pour l'autre et pour soi-même. Vœu pieu de psychologues utopiques ?

Les cas extrêmes relèvent de la pathologie, de la vraie maladie. Nulle fidélité à soi-même ici, puisqu'il s'agit d'aliénation, d'addiction et de souffrance. Parce que la raison s'est perdue, pour des tas de raisons propres à chaque malade. Dans le film *Shame* de Steve McQueen, le héros est victime d'un mal-être qui l'entraîne dans une descente aux enfers inexorable. On devine que la relation avec cette extravagante sœur est en cause, que toute sa vie sexuelle s'est construite de travers. Que nouer une relation normale avec un être lui est impossible. Que la pratique sexuelle compulsive l'envahit. Grande souffrance, dégoût de soi sont le lot de ces hommes abîmés par des pratiques pulsionnelles qu'ils ne peuvent assumer et qui les hantent : viols, sexualités incestueuses, débauches. Le héros s'effondre après une nuit particulièrement glauque où il a essayé d'aller au bout de son mal. Nous saluons au passage cette courageuse façon de présenter des attitudes dépendantes qui peuvent choquer ceux qui ne les comprennent pas et ignorent tout des mécanismes de l'addiction. L'addict sexuel, comme l'alcoolique ou le drogué est démuni devant la pulsion qui le tient et le pousse toujours plus loin dans la consommation sans mesure de sa « dose. » Il est à plaindre plus qu'à condamner.

Une fidélité à un autre : fidélité à soi-même et liberté

Comment être fidèle à soi-même quand on est encore lié à un de ses parents ou à un ancien partenaire ? Pour être fidèle à soi-même il faut à un moment quitter les siens. Si nous obéissons aux diktats parentaux autoritaires, nous perdons notre liberté de penser et de faire. Le célibataire qui ne peut quitter sa vieille mère fait la risée de son entourage. Pourquoi s'y complaît-il est une autre question. « Choisis entre ta mère et moi » sonnera la fin ou le début de l'histoire. Nous connaissons de ces départs au bout du monde qui ont permis de mettre suffisamment de distance entre une mère et son fils ou sa fille. Car même si la distance physique ne fait pas tout, elle permet de dénouer du lien. Pour pouvoir s'allier, il faut savoir se délier. Des deux côtés, tant du côté des parents autoritaires que du côté des grands enfants. En effet, depuis qu'ils sont consultés, les enfants refusent que le parent solitaire refasse sa vie. Nous entendons de vieux parents veufs ou divorcés nous avouer avoir rompu une relation satisfaisante pour eux car leurs enfants n'en voulaient pas. Par fidélité au père ou à la mère disparue, par jalousie, ou pour préserver l'autre parent ! Il n'est pas honorable de céder à ce chantage affectif et de répondre à une demande qui ne satisfait pas, pour une paix d'ailleurs improbable où la frustration ne sera pas une bonne compagne. Chacun doit être libre de son destin et de son choix. Y compris s'il déplaît à ses enfants… ou à ses parents.

Faut-il toujours suivre son désir ? Mieux vaut des remords que des regrets ?

Au nom de cette vieille maxime qui nous sert à justifier bien des erreurs, faut-il s'engouffrer dans toutes les aventures ? Il y a des envies que l'on paie cher, qui sont sources de beaucoup d'aigreurs d'estomac ou de maux de dos et se soldent par de lourdes désillusions. C'est bien d'être désabusé, moins d'avoir perdu l'espoir, voire d'être désespéré. À vous de décider quel est le degré de malheur supportable. (Vous voyez que les psys ne prennent aucun risque !)

Au nom d'une attraction sexuelle, doit-on tout accepter ?

Nous répondons qu'on ne peut pas, au nom de la satisfaction du désir sexuel, risquer un chagrin mortel. C'est pourquoi si des signes inquiétants nous sautent aux yeux, mieux vaut ne pas commencer... Quelqu'un d'autre nous attend quelque part... pour parodier le titre d'un ouvrage d'Anna Gavalda. Un autre plus semblable à nous. Activons alors notre esprit critique et notre intuition du danger. Même si une *femme désirée est une femme désirante*, pour reprendre le titre très parlant du livre du docteur Danièle Flaumenbaum [3], elle ne doit pas se laisser guider uniquement par son désir, surtout si c'est du désir de l'autre dont elle fait le sien. Les femmes qui engagent leur sexe et souvent leur cœur, sans être sûres de la sincérité de leur partenaire, prennent un risque important pour leur équilibre mental. Sauf à être une séductrice absolue, une croqueuse d'hommes, une consommatrice, peu sont capables de surmonter les mauvais traitements et les comportements rejetants qui peuvent advenir. Les expériences s'inscrivent dans la peau et les os. La souffrance qui ne tue pas renforce, a-t-on l'habitude de dire... Certes, mais toute souffrance a un prix. Nous pensons qu'elle est un bon indicateur et qu'elle peut s'exprimer en degré comme chez le médecin. Sur l'échelle de un à dix, demande l'infirmière au malade, vous souffrez comment ? « Combien le prix de cet amour ? » peut être une bonne question. Notre exemple s'adresse aux femmes, mais nos compagnons ne sont pas pour autant à l'abri de la peine que causent le désamour et les mauvais traitements. Ils sont souvent moins exubérants et plus discrets dans l'expression de leur souffrance. Ou au contraire plus efficaces. Ils ne se plaignent pas, ils tuent ou se tuent.

Nous aimerions nous attarder quelque peu sur le remarquable film *Copie conforme* d'Abbas Kiarostami (2010). C'est un conte philosophique sur l'amour et la fiction, au contenu très riche, un film à clefs sur le temps qui passe, l'incommunicabilité du couple et ses faux-semblants. Un film qui peut venir illustrer plusieurs de nos développements. James est un écrivain qui, à l'occasion de la publication de son livre, donne une conférence sur les relations entre la copie et l'original en art. Elle, galeriste française, élève seule son fils. Elle semble intriguée par cet homme qu'elle entraîne dans les rues toscanes en le faisant passer pour son mari. Lui, soutenant qu'une bonne copie vaut mieux qu'un original, accepte le rôle. Le spectateur, perplexe, ignore s'il assiste à des retrouvailles entre un mari et sa femme ou à un jeu, à un « faux ». La dialectique est là. Ces deux qui semblent se connaître, qui miment le couple, sont-ils vrai couple ou copie fabriquée ? Le sentiment amoureux échoue-t-il quand il s'agit de mieux se connaître ? Se connaît-on mieux ou aussi bien que deux étrangers ?

On suit la piste. On constate chez les protagonistes des traces de vie commune, des souvenirs évoqués communs, mais qui pourraient fort bien relever du jeu, d'une connaissance commune de la vie, celle de l'universalité du couple dont on connaît bien les pièges et les agacements. Le film semble poser la question de ce qui fait la différence entre un vrai couple et un cliché, une représentation, diraient les sociologues. Tous les couples se ressemblent. Ils sont faciles à mimer. Comme s'il y avait une fatalité, un stéréotype. Du coup, on assiste à de belles scènes de ménage types, telles que nous les connaissons et les vivons. Elle : « Pourquoi est-ce que tu t'es endormi hier soir, alors que c'était l'anniversaire de nos quinze ans de mariage ? » ou « Tu n'es jamais là ! Quand avons-nous pris un petit déjeuner ensemble tous les trois avec notre fils la dernière fois ? » Lui : « Depuis quand n'as-tu pas souri au petit déjeuner ? »

Dans la réalité, existe-t-il une alchimie, une essence du couple ou s'agit-il d'un jeu de rôles destiné à mal tourner ? Est-ce une douce illusion de départ, vite démentie par la réalité, comme le dit James à sa femme qui s'attendrit devant de jeunes mariés : « Quand j'ai vu leurs sourires béats, je leur ai dit de ne s'accrocher à rien, ni aux branches de cet arbre ridicule, ni à leurs promesses, que leur mariage ne survivra que grâce à de l'attention et de la conscience. » « Quelle conscience ? » interroge-t-elle. « La conscience que tout change. Les promesses n'y peuvent rien. On ne demande pas à un arbre de promettre de garder ses fleurs. Après le printemps, les fleurs deviennent fruits, puis les fruits tombent et c'est alors le jardin du dépouillement. On ne peut pas s'aimer comme de jeunes fiancés. L'amour s'exprime autrement, mais il est là », expliquera-t-il à un autre moment. Il lui répétera sans cesse qu'elle a changé. Elle, lui renverra qu'il n'a pas changé, « toujours aussi doux, séduisant et froid ». Elle se souvient de tout. Comme nous dans cet ouvrage il soutient que le temps change tout, qu'il oublie même de se souvenir. « Je n'ai aucune mémoire, tu le sais », avoue-t-il. L'érudit désabusé vit dans l'instant, avance sans se laisser déborder par ses émotions, sans se laisser attacher, ni retenir. Le temps est différent pour elle et lui. Leurs mémoires ne fonctionnant pas semblablement. Dans la pièce qu'ils jouent, ou dans la réalité, ils n'ont pas réussi leur alchimie.

Ce type de femme ne trouvera pas obligatoirement le bonheur avec ce type d'homme, car elle fonctionne avec d'autres paramètres. Elle veut un couple, admire un couple de vieillards toujours ensemble. Lui, n'est pas sûr d'apprécier ce duo. Chacun est dans une logique et une fidélité à soi-même en amour qui aura du mal à se compléter. Elle veut d'un mari présent, sur lequel elle puisse s'appuyer. Il lui impose la distance, l'indépendance, le temps au jour le jour.

Deux choix s'affrontent. Deux conceptions différentes de la vie et du couple. Et l'amour n'a rien à voir à l'affaire… Existe-t-il dans la copie conforme, est-il toujours un songe enfantin ? « On va faire comme si on s'aimait. » Dans la réalité ou dans le jeu, ils se séparent. Le film s'achève.

En conséquence, il y a là quelques enseignements à méditer. Quand deux personnes se rencontrent et envisagent de vivre en couple, elles vont obligatoirement se heurter à deux fantasmes que nous énonçons ainsi. Fantasmes qui vont se traduire en une demande empressée.

– S'il m'aime, il doit changer pour me faire plaisir.
– S'il m'aime, il doit m'accepter comme je suis.

Deux phrases qui sentent déjà la discorde. Alors, faut-il en valider une plutôt qu'une autre ? Fabriquer du consensus ou du compromis en avançant chacun d'un pas ? La solution, certes, est dans l'entre-deux. Une histoire « entre deux ». Entre soi et un autre que soi. Éternel problème difficile à résoudre mais tellement passionnant à vivre, puisqu'il suppose une réflexion permanente, des échanges nourris. Bref, une confrontation d'idées et de pensées qui enrichit obligatoirement le répertoire amoureux et, bien au-delà, notre propre personnalité. La connaissance de soi s'épanouit dans le dialogue et la connaissance de l'autre.

CHAPITRE 8

Au travail, les mécontents et les insatisfaits !

La fidélité à soi-même ne peut exister que si l'on a confiance en soi, car c'est elle qui vous assure que vous êtes suffisamment bien pour être un jour aimable.

On doit être aimé tel que l'on est, donc il n'est pas nécessaire de jouer un personnage en se construisant un faux self. Dès lors, il est inutile de se laisser emporter par des pensées négatives qui deviennent ruminations. « Cela ne fonctionnera pas, je suis trop vieux, pas assez beau, pas assez riche, elle partira avec quelqu'un de plus attrayant que moi. »

Ce travail sur la confiance en soi est d'autant plus décisif qu'on recueille souvent ce que l'on émet. Les personnes centrées, bien droites, sachant ce qu'elles veulent dans une relation et ce qu'elles valent, attirent des personnes semblables. Nul ne veut d'un dévouement béat. Il faut même un peu de résistance pour que l'histoire soit amusante, qu'elle comporte un peu de piment. On ne donne pas sans un minimum de réciprocité. Rappelez-vous le principe du gagnant-gagnant, cher aux économistes et aux contrats justes. Cette confiance en soi, et donc la fidélité à soi-même en amour résultent principalement de la manière dont on a été aimé enfant. Si l'on n'a pas l'habitude d'être aimé, on aura du mal à croire que l'amour existe. Si je crois qu'un regard posé sur moi est déjà trop d'honneur, parce que mon père ne m'a pas regardée, je ne saurai faire face et irai me cacher dans ma niche.

Exprimer ses besoins dès le début de la relation, formuler ses attentes (ce que l'on attend d'une relation), décrire ses apports (ce que l'on souhaite apporter dans la relation), et surtout parler de ces fameux seuils de tolérance, va de soi. D'ailleurs tout le monde y souscrit avant de s'engager. Respecter le contrat dans le temps est plus compliqué.

Faire le point avec son amoureux de temps en temps pour ne pas laisser s'installer les malentendus est une bonne habitude. Nos grands-mères disaient qu'il ne fallait jamais « s'endormir » sur une querelle.

Dans une relation amoureuse les attentes sont différentes. L'un souhaitera plus de rapprochement, plus de proximité, l'autre se contentera d'une relation plus espacée. Autant énoncer les siennes. Encore faut-il que l'autre veuille les entendre. De manière plus prosaïque, une femme qui a besoin d'un homme présent quotidiennement doit éviter le matelot, le bourlingueur et le commercial international. Un homme mondain doit éviter le bonnet de nuit… les exemples sont nombreux.

Les dynamiques relationnelles ne sont pas identiques d'un couple à l'autre. Il est possible qu'un homme ou une femme fonctionnent différemment avec un autre partenaire. N'allez donc pas interroger votre futur partenaire sur la façon dont il a conduit ses amours précédentes. Faites confiance en sa possibilité de résilience, même si la méchante sorcière murmure que l'on a du mal à éviter la répétition pathologique ! Un trompeur peut-il devenir fidèle ? Un casanier peut-il aller danser ? La réponse est oui : s'il est heureux ou pour le plaisir de regarder le bonheur de son amour.

Il y a bien sûr des aveuglements nécessaires, des tolérances utiles et des tas de bonnes questions... à se poser. Même si le jeu est un peu vain, essayons d'en proposer quelques-unes.

Se poser la bonne question

– « Est-ce que cette femme ou cet homme correspond à mes désirs ? » et non « Est-ce que je lui plais ? »

– « Le quotidien, dont on oublie toujours l'importance, est-il agréable ? »

– « Cela m'allait à une certaine époque, cela me convient-il encore ? »

Dans le film de Woody Allen *Whatever Works* (« Tout ce qui marche », en français), le personnage principal annonce dès le départ sa profession de foi : « L'amour ne dure pas et nos aspirations romantiques au bout de quelques années se résument à un "Après tout si ça marche... Quelle que soit ton ingéniosité, quel que soit l'amour que tu puisses donner ou recevoir, il faut prendre tout ce qui marche !" » Oublions la première partie de la phrase du pessimiste auteur pour garder le sage « après tout si ça marche ! » Après tout... si ça marche, c'est qu'il y a encore de bons ingrédients, même s'ils ne se nomment plus amour mais affection, admiration, tendresse, enfants, complicité, souvenirs.

Et lorsqu'on accumule les échecs, il faut bravement :

– Chercher pourquoi on laisse s'installer une relation destructrice et pourquoi on l'entretient : par jeu, par goût du risque, par dépendance, par masochisme inconscient ?

– Faire l'inventaire des blessures de la vie qui peuvent conduire à ne pas être fidèle à soi-même mais apeuré, ou en contradiction avec ses désirs et ses besoins.

– Ne jamais regretter ses élans, ce miracle qui vous rapproche de l'autre.

Comment se défaire des faux pas

Il est des moments où je peux souhaiter changer de cap, repenser ma vie, me défaire de mes précédents faux pas.

– Si je suis atteint par le désespoir, frappé par la dépression, la souffrance. L'épuisement physique caractérise une relation où l'on se nie, elle doit faire prendre conscience d'un possible mal-être psychologique.

– Si je fais des choses que je n'ai jamais aimé faire, mais que je fais quand même pour ne pas perdre mon partenaire !

– Si je ne me respecte guère, en me laissant malmener ou insulter par mon partenaire !

La fidélité à soi-même consiste à opérer un changement radical. Ce peut être après avoir bu le calice jusqu'à la lie. Combien de fois avons-nous entendu : « J'ai tout essayé, en vain. » Cela vaut pour tous ceux qui se sont embarqués avec des personnalités malades, alcooliques, droguées, qui ont lutté pour les sortir de ce mauvais pas et s'en sortir eux-mêmes et qui un jour jettent l'éponge. Pas de jugement sur soi ni d'autoculpabilisation. Nous savons à peu près pourquoi nous avons supporté ceci ou cela, et nous savons pourquoi aujourd'hui cela doit cesser.

Il y a des relations qui rendent malades, qui nous éloignent du meilleur de nous pour nous conduire vers le pire. Des alchimies dangereuses qui poussent à des comportements aussi fous. En quoi est-on fidèle à soi-même, quand on harcèle son mari ou son amant, quand on détruit la maison, ou quand on cabosse sa voiture… Même s'il est fautif et infidèle ! Le public rira devant ces vengeances enfantines et puériles. Retrouver sa dignité et conserver son calme nous rendent à nous-mêmes.

La fidélité à soi-même, serait d'arriver à dire :

– Je serais tenté, je pourrais céder à cette envie, ou au désir de l'autre, mais je me connais bien, je sais que cela ne me ressemble pas… Et y renoncer sans trop de pathos !

– Un degré au-dessus : Je t'aime, continue à t'aimer mais ne peux supporter tel aspect de notre relation et c'est pourquoi je préfère l'interrompre pour ne pas souffrir ou aller sur des chemins où je me perds, dans des situations où je ne me retrouve pas.

Quand vous décidez que cela ne peut plus durer, mais que vous vous engluez dans vos hésitations et vous perdez dans vos analyses, lisez le *Silence des hommes* [1] de Christine Orban, et voyez par quel stratagème l'héroïne suspend définitivement une relation néfaste. Elle y raconte comment elle a pu rompre une véritable addiction sexuelle avec cet homme muet, qui vient lui faire l'amour sans un mot, puis repart. Pour ne pas ouvrir sa porte lors du rendez-vous convenu, elle avalera force somnifères et profondément assommée, elle ne recevra pas l'intrus. Souvenez-vous aussi de Justine qui part sur un coup de tête pour éviter les tentations de son prédateur. On ne vous conseille évidemment pas d'avaler des somnifères ni des antidépresseurs, mais quand le mal est grave, le remède doit être efficace.

Faut-il avoir recours aux amours de secours ?

Non, rassurez-vous, nous ne prêchons pas là le ballet des amants. Nous parlons des amours de relais. Quand le manque s'installe, on serait prêt... à en mourir, on meurt d'ailleurs à petit feu quand on est quitté, « largué, plaqué, éjecté, congédié, expulsé[2] » ! Alors il faut aller vers tous nos autres « amours », nos proches, notre famille, nos enfants, nos frères, nos sœurs, nos parents, nos amis. Ces kinés du cœur qui vont accompagner la convalescence. Tous nos soutiens. Toutes ces personnes ressources qui vont nous aider à passer la période de deuil et de sevrage. Oui de sevrage.

Poser des actes symboliques forts

Il est d'usage, quand on rompt, de déchirer, découper, brûler. Les lettres, les objets, les photographies, on ne veut plus rien garder. Nous ne dirons pas, après avoir dit que notre passé doit être respecté, que c'est la bonne solution... mais... ça se fait et ça fait parfois du bien, et dans tous les cas... de la place dans votre bibliothèque. Pour que l'histoire cesse de vivre, il faut parfois un grand feu, un changement important, un nouveau lit, un nouveau lieu.

Tenir le cap de Bonne-Espérance

Faites donc le tour du monde. Laisser le temps se distendre. Après une rupture, il faut parfois s'accorder un moment de convalescence. Partez dans des îles paradisiaques, gravissez des montagnes, éloignez-vous. Changez vos habitudes s'il le faut, soyez curieux d'autres lieux. Ne revenez pas avec Pierre, sur les fameux lieux où avec Paul vous avez été tellement heureux. Pierre s'en moque et vous risquez de le rendre jaloux.

Faites la grève du sexe !

Pour y voir plus clair, retrouvez votre lucidité. Loin des yeux, loin du cœur, loin des yeux, loin du corps. D'où les voyages... les mises à distance... D'une manière générales que l'on soit homme ou femme, les mesures d'éloignement sont salutaires parce que la vision de son amant ou amante peut briser les bonnes résolutions. Il ne faut pas trop préjuger de ses forces.

Si vous avez interrompu une relation avec un homme ou une femme intenable et léger, il vous faudra supporter de le voir ou de la voir partir avec un autre ou une autre, même si c'est vous qui avez initié la rupture. Soyez courageux. Ne perdez pas de vue que c'est bien vous qui avez pris la décision. Et que la jalousie n'a jamais été de l'amour. Détournez le regard, laissez le temps faire son travail.

Il arrive que la fidélité à soi-même en amour s'installe quand cesse l'amour. C'est un joli paradoxe. Je me retrouve fidèle à moi-même en amour… sans amour. N'ayez pas peur si le ciel tourne à l'orage (après le coup de foudre), rien n'est perdu. Il suffit de re-convoquer l'espoir. Continuez à essayer, reprenez votre baluchon, remettez-vous en route, avec votre confiance en vous, votre fidélité à vous-même retrouvées. Et puisque vous êtes censé vous connaître encore un peu mieux après une énième expérience (et la lecture de ce livre !) vous voilà armé. Pour conclure enfin, la fidélité à soi-même en amour est un concept à surveiller en permanence. Un coquin de concept toujours en marche et en devenir. Qu'il faut consulter pour ne pas se perdre, qui ne connaît ni la fatalité, ni la normalité. Qui se veut authentique à tout moment, mais qui change à tout moment.

Pour les jours de questionnement…

– Sans amour, on n'est rien du tout.

– On doit accepter qu'être fidèle à soi-même en amour est un vrai casse-tête.

– Il est dangereux de dépendre de l'autre, car alors on n'existe plus.

– L'amour n'est qu'une part de notre vie, même si ce n'est pas la moindre… Il faut pouvoir continuer à vivre s'il nous fausse compagnie.

– Enfin, n'oubliez pas, soignez-vous, soignez-vous ! Ne laissez pas courir vos traits névrotiques. N'attribuez pas à la relation ce qui n'appartient qu'à vous, vos doutes, vos craintes non fondées sur des réalités mais sur... votre histoire. Ce serait trop dommage, donc connaissez-vous, connaissez-vous !

– Ne perdez jamais l'espoir : au fil du temps vous décèlerez vite ce qui est bon ou mauvais pour vous.

Sachez gouverner entre raison et passion. Partez vainqueur, enthousiaste et lucide. Sachez tout de même, qu'à tout moment, vos démons peuvent réapparaître. Accueillez-les comme il se doit. Ce sont bien les vôtres. Faites une séance de méditation, respirez. Voilà ils sont partis !

NOTES

PREMIÈRE PARTIE. L'apprenti amoureux

1. *Les Adieux à la reine* de Benoît Jacquot, d'après le roman de Chantal Thomas.
2. On la trouve fort compliquée dans *Le Banquet* de Platon… pour les curieux.

CHAPITRE PREMIER. Éduqué… pétri… conformé

1. Siri Hustvedt, *Un été sans les hommes*, Arles, Actes Sud, 2011, p. 10.
2. Angus Wilson, *The World of Charles Dickens*, Londres, Secker and Warburg, 1970.
3. Pour ceux qui ne l'auraient jamais entendue, la voix de Delphine Seyrig est un enchantement (musique de Michel Legrand, dans le film *Peau d'âne* de Jacques Demy).
4. Ainsi seul un valeureux qui franchira ce feu pourra la délivrer. En l'occurrence Siegfried !
5. Rappelons que Dark Vador rejoint le clan des méchants après un chagrin d'amour !
6. Bruno Bettelheim, *Psychanalyse des contes de fées*, Paris, Pocket, 1976, p. 34.
7. Il dépend en fait du milieu dans lequel l'enfant naît. Qu'en est-il dans d'autres continents… Qu'en est-il dans les lieux de très grande pauvreté ? Cette réflexion vaut pour tout ce qui suit !
8. Hector Bianciotti, *Ce que la nuit raconte au jour*, Paris, Grasset, 1992.
9. La cantonade est un « moyen » éducatif que nous aimons. Il a le mérite de dire notre pensée sans engager personne d'autre que soi. « Cette image de la femme est insupportable », critique

générale lancée en famille, va obligatoirement amener questions et débats.

10. Margaux Fragoso, *Tigre, Tigre !*, Paris, Flammarion, 2012.

11. Christine Angot, *Une semaine de vacances*, Paris, Flammarion, 2012. Certains critiques trouvent ce déballage sexuel lassant. « L'obsession vénérique de madame nous lasse », écrit Thierry Clermont dans *Le Figaro* du 13 septembre 2012. Peut-être n'est-ce pas ce qu'il faut attendre de la grande littérature... Mais c'est dit.

12. Stéphanie Meyer, *Twilight*, tome I, *Fascination*, Paris, Hachette, 2005.

CHAPITRE 2. Le moi mystérieux de l'amour

1. Sigmund Freud, *Nouvelles Conférences sur la psychanalyse*, Paris, Gallimard, 1936, p. 71.

2. Nous disons la « plupart » pour faciliter la leçon, car en fait Freud professera plutôt un « inconscient dit refoulé »... que l'on ne peut atteindre et qui prendrait source dans l'« infantile ». L'inconscient serait alors de « l'infantile refoulé ».

3. Le fait de devenir conscient dépend d'une fonction psychique que Freud dans *L'Interprétation des rêves* nomme « l'attention ».

4. Jean Lefranc, *Freud*, Édition numérique Pierre Hidalgo, La Gaya Scienza, 2011, p. 89.

5. Russell Banks, *Lointain souvenir de la peau*, Arles, Actes Sud, 2011.

6. Vous avez complété : Le beurre, l'argent du beurre, le crémier, *and so on*...

7. Pascal Bruckner, *Le Paradoxe amoureux*, Paris, Grasset, 2009, p. 130.

8. Judith Butler mène tambour battant les *Gender studies* aux États-Unis. En France, on peut lire avec bonheur Sylviane Agacinski : *Femmes entre sexe et genre*, Paris, Seuil, 2012.

9. Nancy Huston, *Reflets dans un œil d'homme*, Arles, Actes Sud, 2012.

10. Nous avons longuement insisté sur l'éducation spécifique des filles dans l'un de nos précédents ouvrages, *La Fille de son père*, Montréal, Éditions de l'Homme, 2011.

11. « ... *Ce que tu n'as su défendre comme un homme.* » C'était lors de la prise de Grenade par les Rois Catholiques, il y a bien longtemps.

12. Philip Roth, *La bête qui meurt*, Paris, Gallimard, 2001, p. 79.

13. On ne peut pas chanter sans que la rumeur du privilège usurpé ne vous assaille... quand on est première dame de France. On ne peut pas non plus être neutre et journaliste !

14. César et Rosalie sont les héros d'une jolie comédie amère de Claude Sautet.

15. Pierre Choderlos de Laclos, *Les Liaisons dangereuses*.

16. Luc Ferry, *La Révolution de l'amour*, Paris, Plon, 2010, p. 63.

17. Nancy Huston, *Reflets dans un œil d'homme, op. cit.*

18. Pierre-Louis Colin, *Le Monde* du 28 mai 2011.

19. Au moins quatre-vingt-quinze fois sur cent ! d'après la superbe chanson de Georges Brassens.

20. Alice Ferney, *La Conversation amoureuse*, Arles, Actes Sud, 2000.

21. Messieurs, ne râlez pas ! Oui, on sait qu'il y a des hommes patients et inspirés.

22. *Eyes Wide Shut* est le dernier film de Stanley Kubrick. Il s'inspire d'une nouvelle d'Arthur Schnitzler, écrivain viennois, contemporain de Freud.

23. Sigmund Freud, *L'Inquiétante Étrangeté*, Paris, Gallimard, coll. « Folio essais », 1998, p. 221.

24. Le cinéma est depuis peu friand de ces scènes sauvages. Est-ce pour nous dire qu'elles seules sont hautement jouissives, contrairement à l'amour à la papa ?

25. *Shame*, 2011, de Steve McQueen, est un bon film sur l'addiction sexuelle et son malheur.

26. Nous pensons aux publicités de parfums et de couturiers de ces dernières années où le beau s'encanaille dans le sexe !

CHAPITRE 3. L'engagement

1. Denys Granier-Deferre, *Pièce montée*, 2010.

2. Michel Reynaud, *L'amour est une drogue douce... en général*, Paris, Robert Laffont, 2004.

3. Jean-Didier Vincent, *Biologie des passions*, Paris, Odile Jacob, 1986.

CHAPITRE 4. Aimer à perdre la raison

1. Albert Cohen, *Belle du Seigneur*, Paris, Gallimard, 1968, p. 339. En citant ce texte, les auteures enragent. Jamais on ne leur a parlé ainsi.

2. Cesare Pavese, *Le Métier de vivre*, Paris, Folio, 2010, p. 84.

3. Jean Teulé, *Le Montespan*, Paris, Pocket, 2009.

4. Pour la fin de l'histoire... la dame a quitté le volage récemment. Nous ne commenterons pas.

5. Philip Roth, *La bête qui meurt*, Paris, Gallimard, 2001, p. 44.

6. Philippe Brenot, Pascal Picq, *Le Sexe, l'Homme et l'Évolution*, Paris, Odile Jacob, 2008.

7. Véronique Moraldi, Michèle Gaubert, *La Fille de son père*, Montréal, Les Éditions de l'homme, 2011.

8. Mike Nichols, d'après la pièce d'Edward Albee.

9. Oui, on pense qu'il vit un lent calvaire, mais lui au moins est vivant.

10. Jean-Bertrand Pontalis, *Elles*, Paris, Gallimard, 2007, p. 35.

CHAPITRE 5. La loi de l'horloge

1. Charles Gounod, *Faust*.

2. Marcel Proust, *Du côté de chez Swann*, Paris, Folio, 1988.

3. Ceux qui voudraient creuser cette belle idée peuvent lire avec profit, Julia Kristeva, *Le Temps sensible*, Paris, Gallimard, 1994.

4. Alain Juppé, *La Tentation de Venise*, Paris, Grasset, 1994.

5. Nous empruntons l'expression à Grégoire Delacourt, auteur de *La Liste de mes envies*, Paris, J.-C. Lattès, 2012.

6. Georges Memmi, *Un couple*, Paris, Éditions de Fallois, 2012.

7. Aldo Naouri, *Adultères*, Paris, Odile Jacob, 2006.

8. David Nicholls, *Un jour*, Paris, Belfond, 2011.

9. Lauren Weisberger, *Le diable s'habille en Prada*, Paris, Pocket, 2006. David Frenkel est le réalisateur du film.

10. Cette remarque est dédiée aux femmes qui savent maintenant qu'autonomie financière, intégration sociale sont des piliers de la liberté.

CHAPITRE 6. Le mouvement perpétuel

1. Katarina Mazetti, *Le Mec de la tombe d'à côté*, Arles, Actes Sud, coll. « Babel », 2009.
2. Stéphane Brizé, *Mademoiselle Chambon*, 2009.
3. Franz-Olivier Giesbert, *Un très grand amour*, Paris, Folio, 2010.
4. *Ibid.*, p. 97.
5. Pierre Choderlos de Laclos, *Les Liaisons dangereuses*, Paris, Librairie Générale Française, 2002, p. 403.
6. Franz-Olivier Giesbert, *Un très grand amour*, *op. cit.*, p. 200.
7. Il y en a sûrement plein d'autres, mais nous sommes béotiennes et peu consommatrices de ces sites. En revanche très intéressées par ces nouveautés qui vont modifier nos schémas de pensée.
8. Sylvie Tenenbaum, *Le Syndrome de la fée Clochette. Ces femmes qui font du mal et se font mal*, Paris, Éditions du Moment, 2012.
9. Mariela Michelena, *Les Femmes mal aimées*, Paris, Payot, coll. « Petite Bibliothèque Payot », 2011.
10. Aldo Naouri, *Adultères*, Paris, Odile Jacob, 2006, p. 63.

CHAPITRE 7. La fidélité à soi-même en amour : tout ce qu'elle semble être, et son contraire

1. Cesare Pavese, *Le Métier de vivre*, Paris, Folio, 2010, p. 84.
2. Arouna Lipschitz, *La Voie de l'amoureux*, Paris, Robert Laffont, 2005.
3. Danièle Flaumenbaum, *Femme désirée, femme désirante*, Paris, Payot, coll. « Petite Bibliothèque Payot », 2011.

CHAPITRE 8. Au travail, les mécontents et les insatisfaits !

1. Christine Orban, *Le Silence des hommes*, Paris, Albin Michel, 2004.
2. Jean-Bertrand Pontalis, *Elles*, Paris, Gallimard, 2007.

POUR ALLER PLUS LOIN

Essais

AGACINSKI Sylviane, *Femmes entre sexe et genre*, Paris, Seuil, 2012.

BETTELHEIM Bruno, *Psychanalyse des contes de fées*, Paris, Robert Laffont, 1976.

BRENOT Philippe, Picq Pascal, *Le Sexe, l'Homme et l'Évolution*, Paris, Odile Jacob, 2008.

FERRY Luc, *La Révolution de l'amour*, Paris, Plon, 2010.

FLAUMENBAUM Danièle, *Femme désirée, femme désirante*, Paris, Payot, 2006.

FREUD Sigmund, *Le Moi et le Ça* (1923), Paris, Payot, coll. « Petite Bibliothèque Payot », 2010.

FREUD Sigmund, *L'Inquiétant familier* (1919), suivi de *Le Marchand de sable* de E.T.A. Hoffmann, Paris, Payot, coll. « Petite Bibliothèque Payot », 2012.

JUPPÉ Alain, *La Tentation de Venise*, Paris, Grasset, 1994.

HUSTON Nancy, *Reflets dans un œil d'homme*, Arles, Actes Sud, 2012.

KRISTEVA Julia, *Le Temps sensible*, Paris, Gallimard, 1994.

LIPSCHITZ Arouna, *La Voie de l'amoureux*, Paris, Robert Laffont, 2005.

MICHELENA Mariela, *Les Femmes mal aimées*, Paris, Payot, coll. « Petite Bibliothèque Payot », 2011.

MORALDI Véronique, GAUBERT Michèle, *La Fille de son père*, Montréal, Éditions de l'homme, 2011.

Moraldi Véronique, *Gardez-vous d'aimer un pervers*, Montréal, Éditions de L'Homme, 2004.

Naouri Aldo, *Adultères*, Paris, Odile Jacob, 2006.

Pinkola Estès Clarissa, *Femmes qui courent avec les loups*, Paris, Le Livre de Poche, 2001.

Reynaud Michel, *L'amour est une drogue douce... en général*, Paris, Robert Laffont, 2004.

Tenenbaum Sylvie, *Le Syndrome de la fée Clochette. Ces femmes qui font du mal et se font mal*, Paris, Éditions du Moment, 2012.

Wilson Angus, *The World of Charles Dickens*, Londres, Secker and Warburg, 1970.

Romans

Angot Christine, *Une semaine de vacances*, Paris, Flammarion, 2012.

Banks Russell, *Lointain souvenir de la peau*, Arles, Actes Sud, 2011.

Bianciotti Hector, *Ce que la nuit raconte au jour*, Paris, Grasset, 1992.

Choderlos de Laclos Pierre, *Les Liaisons dangereuses*, Paris, Librairie Générale Française, 2002.

Cohen Albert, *Belle du Seigneur*, Paris, Gallimard, 1968.

Ferney Alice, *La Conversation amoureuse*, Arles, Actes Sud, 2000.

Fragoso Margaux, *Tigre, Tigre !*, Paris, Flammarion, 2012.

Giesbert Franz-Olivier, *Un très grand amour*, Paris, Folio, 2010.

Hustvedt Siri, *Un été sans les hommes*, Arles, Actes Sud, 2011.

Nocholls David, *Un jour*, Paris, Belfond, 2011.

Mazetti Katarina, *Le Mec de la tombe d'à côté*, Arles, Actes Sud, coll. « Babel », 2009.

Memmi Georges, *Un couple*, Paris, Éditions de Fallois, 2012.

MEYER Stéphanie, *Twilight*, tome I, *Fascination*, Paris, Hachette , 2005.
ORBAN Christine, *Le Silence des hommes*, Paris, Albin Michel, 2004.
PAVESE Cesare, *Le Métier de vivre*, Paris, Folio, 2010.
PROUST Marcel, *Du côté de chez Swann*, Paris, Folio, 1988.
QUIGNARD Pascal, *Villa Amalia*, Paris, Gallimard, 2006.
RONSARD Pierre DE, « Les amours de Cassandre », *Les Amours*, Paris, Le Livre de Poche, 1993.
ROTH Philip, *La bête qui meurt*, Paris, Gallimard, 2001.
SAGAN Françoise, *Un chagrin de passage*, Paris, Pocket, 2009.
TEULÉ Jean, *Le Montespan*, Paris, Pocket, 2009.
WEISBERGER Lauren, *Le diable s'habille en Prada*, Paris, Pocket, 2006.

Films

BREITMAN Zabou, *Je l'aimais*, 2009
BRIZÉ Stéphane, *Mademoiselle Chambon*, 2009
CASSAVETES Nick, *N'oublie jamais*, 2004
GRANIER-DEFERRE Denys, *Pièce montée*, 2009
HANEKE Michael, *Amour*, 2012
JACQUOT Benoît, *Les Adieux à la Reine*, 2011
KAHN Cédric, *Les Regrets*, 2008
KIAROSTAMI Abbas, *Copie conforme*, 1999
MCQUEEN Steve, *Shame*, 2011
MENDES Sam, *Les Noces rebelles*, 2008
NEWELL Mike, *Quatre mariages et un enterrement*, 1994
NICHOLS Mike, *Qui a peur de Virginia Woolf ?*, 1967
SAUTET Claude, *César et Rosalie*, 1972
SCHOMBURG Jan, *L'Amour et rien d'autre*, 2012
WOODY Allen, *Whatever Works*, 2009

Chanson

BRASSENS Georges, *Quatre-vingt-quinze fois sur cent*

Musique

LEGRAND Michel, Bande originale du film *Peau d'âne* de Jacques Demy, 1970.